Trend/Le guide in un mondo che cambia

In testi agili, di noti esperti, le conoscenze indispensabili nella società di domani

Simona Malcovati - Chiara Parrini

FrancoAngeli

PROFESSIONE
WEDDING PLANNER
L'organizzatrice dei matrimoni

WEDDING PLANNER

CHICCHI D'ARANCIO, attiva a Pavia dal settembre 2005, è un'agenzia di wedding planner. Le due titolari Simona Malcovati e Chiara Parrini, grazie all'esperienza acquisita nell'ambito della creazione di eventi, guidano i futuri sposi nella pianificazione e organizzazione di uno o tutti gli aspetti legati al matrimonio, offrendo soluzioni diversificate e adatte ai desideri e budget della coppia. Grazie alla cura del dettaglio e alla creazione di allestimenti personalizzati, CHICCHI D'ARANCIO è in grado di costruire un progetto di nozze unico e irripetibile.

Simona Malcovati e Chiara Parrini
CHICCHI D'ARANCIO
Vicolo San Gregorio 8
27100 Pavia
Tel/fax 0382.309680
www.chicchidarancio.it
e-mail: info@chicchidarancio.it

Immagini della copertina e del volume di Fausto Cerutti

Copyright © 2007 by FrancoAngeli s.r.l., Milano, Italy

Ristampa				Anno						
5 6 7 8				2009	2010	2011	2012	2013	2014	2015

Stampa: Tipomonza, via Merano 18, Milano.

I lettori che desiderano informarsi sui libri e le riviste da noi pubblicati possono consultare il nostro sito Internet: *www.francoangeli.it* e iscriversi nella home page al servizio "Informatemi" per ricevere via e-mail le segnalazioni delle novità o scrivere, inviando il loro indirizzo, a "FrancoAngeli, viale Monza 106, 20127 Milano".

Indice

Parte III – Le attività operative

Appendice – Il galateo del matrimonio

Prefazione

È la mia prima prefazione (e il cacofonico esordio lo conferma), quindi preferisco correre subito il rischio di peccare di piaggeria. Lo confesso immediatamente: stimo molto le autrici di *Professione wedding planner. L'organizzatrice di matrimoni*.

Sono mie amiche, sempre pronte a dispensare un sorriso, un consiglio o un salvataggio in *extremis*. E sfoderano lo stesso entusiasmo e la medesima efficienza nella loro professione. Il risultato è davvero invidiabile: si divertono a lavorare!

Detto ciò, mi concedo un momento di narcisismo, parlando delle mie nozze. L'evento mi serve, in realtà, per dimostrare in modo inoppugnabile che di wedding planner c'è proprio bisogno. Il mio ex fidanzato (poi è, a seconda dei momenti, assurto o precipitato al rango di marito) e io, dieci anni fa, abbiamo deciso di sposarci. Era giugno, il nostro sogno era di andare in Australia e fatti due conti, in senso letterale e in senso stagionale, ci siamo resi conto che ottobre sarebbe stato un mese perfetto per piroettare tra canguri e koala, barriere coralline e monoliti fiammeggianti. Quindi, da trentenni davvero temerari, abbiamo fissato la data del matrimonio a fine settembre. Abbiamo pianificato per bene il viaggio di nozze e scelto con accuratezza le letture per la cerimonia in chiesa. Per molte altre questioni abbiamo beneficiato delle amorevoli cure e della magnanimità delle famiglie. Così mia mamma e mio papà hanno organizzato un memorabile pranzo al ristorante, con un numero impronunciabile di ospiti, e una cena altrettanto riuscita a casa; i genitori del mio quasi consorte si sono occupati della trasferta dei parenti dall'altra parte d'Italia. Per il resto ci siamo affidati al caso. Un giorno, decisa a liquidare in breve tempo la questione bomboniere e partecipazioni, ho cercato qualche indirizzo sulle Pagine Gialle e sono andata a caccia di confetti e cartoncini per Milano. Mi sono persa quasi subito, ma per fortuna a un semaforo ho incontrato un angelo. Si chiamava Liliana. Abbiamo scambiato qualche parola, quanto è bastato per scoprire che lei aveva le risposte giuste alle mie domande. Mi ha accompagnata nel negozio di bomboniere che cercavo, ha capito che non faceva al caso mio, mi ha suggerito di visitare l'esposizione di una sua conoscente che, tra l'altro, abitava vicino a me. Ho preso nota, ci sono andata e sono stata molto soddisfatta. Quando le ho telefonato per ringraziarla, Liliana con discrezione mi ha chiesto se avessi già pensato all'abito da sposa. Di fronte al mio disarmante «No, non ancora», ha pazientemente controbattuto dandomi il recapito di una sua cugina sarta. Anche lei è una signora deliziosa, che attinge dalla seta e da altri tessuti il meglio per ogni sposa. Con le sue creazioni, dal taglio rigoroso o malandrino, riesce ad avvicinare almeno un po' (parliamo di distanze abissali) noi comuni mortali a Nicole Kidman sulla Croisette.

Altre faccende, invece, sono andate meno lisce. Quella delle fedi, per esempio. Un paio di giorni prima del sì non erano pronte, perché lo spensierato gioielliere non aveva preso nota delle misure delle dita di noi nubendi né del nostro telefono. Tre ore prima che iniziasse la cerimonia, mentre l'estetista faticava a tenere a bada la mia riottosità di fronte al maquillage, mi ha telefonato un cugino del mio coniuge in pectore. I due erano insieme a duecento chilometri da me e questo l'inquietante interrogativo che mi veniva posto: «Non è che, per caso, hai preso tu gli anelli?». Né per caso né per volontà, non le avevo prese io. Poi le fedi, biricchine, hanno fatto capolino dalla tasca di una giacca appena in tempo per convolare in chiesa con noi. Per dovere di cronaca preciso che si trattava di una giacca maschile.

Incredibile ma vero, nonostante la nostra inconsapevole audacia, quel giorno è stato un gran giorno, ci siamo divertiti molto e abbiamo trascorso ore indimenticabili insieme alle nostre famiglie e ai nostri amici. E, come da copione, di lì a poco siamo atterrati sulle lussureggianti spiagge del Queensland. Insomma, ci è andata più che bene.

Ma per sposarsi una wedding planner ci vuole, eccome! Perché non si incontrano angeli a ogni semaforo e perché credo proprio che pochi vogliano trasformare il proprio matrimonio, fin dal primo giorno, in un azzardo.

Myriam DeFilippi
Donna Moderna

Introduzione

Da quando abbiamo iniziato a svolgere questa professione, giovani donne di tutta Italia, incuriosite dal nostro lavoro, ci hanno chiesto informazioni dettagliate su come diventare **wedding planner**.

Per rispondere nella maniera più esauriente possibile a quegli interrogativi è nato questo libro su una professione di cui si parla ma della quale non si conoscono dinamiche e modalità di lavoro.

Frutto di considerazioni emerse con l'avanzare del tempo e dell'esperienza, il manuale è stato pensato e scritto con lo scopo di fornire un supporto e uno stimolo in più per intraprendere un progetto imprenditoriale "in proprio". È rivolto anche a quanti desiderino semplicemente saperne di più riguardo a una professione nuova e stimolante che sta prendendo piede in tutta Italia o ai futuri sposi che vogliano avere uno strumento utile per organizzarsi il proprio matrimonio.

Parte I
Informazioni preliminari

1. Professione wedding planner

1. L'origine della professione: quando, dove e perché nasce la figura dell'organizzatrice di matrimoni

Diciamolo quasi sottovoce ma è comunque innegabile: la preparazione di un matrimonio è per gli sposi un vero e proprio "terreno minato" dove possono nascere facilmente litigi e incomprensioni.

Può capitare che la sposa abbia carta bianca perché il futuro marito sembra quasi disinteressarsene; più spesso gli sposi vogliono condividere ogni decisione ma i gusti non sempre combaciano: lui vuole una soluzione, lei ne desidera un'altra. È il principio della mediazione e del compromesso. Come se non bastasse, il tempo non è mai sufficiente: sempre di corsa a dividersi tra il lavoro, la casa nuova da arredare, gli impegni familiari. L'aiuto di parenti e amici è più dannoso che utile: come possono due sposi scegliere liberamente se devono accontentare i futuri suoceri e i propri genitori?

Proprio da queste considerazioni emerge il *perché* della nascita della professione che in tanti – soprattutto donne – sognano di intraprendere: l'organizzatrice di matrimoni o **wedding planner**[1].

---

[1] In questo libro la parola wedding planner è sempre preceduta dall'articolo femminile. Questo perché sono soprattutto donne quelle che dimostrano l'intenzione di intraprendere questo lavoro. Non intendiamo con questo escludere quanti del sesso forte vogliano cimentarsi in questa avventura.

Figura neutrale che ha come unico scopo quello di accontentare i suoi clienti, la wedding planner si fa carico dei problemi, gestisce le ansie e trova soluzioni diverse di fronte alle indecisioni. È colei che assiste i futuri sposi nella pianificazione e organizzazione di uno o tutti gli aspetti della cerimonia e del ricevimento. Organizza, coordina, supervisiona e dirige le nozze. Insomma, fa tutto e deve essere pronta a tutto, anche a trovare una location nei mari del nord o organizzare un matrimonio in stile hawaiano!

L'unica cosa che non le è concesso fare è di mandare a monte il matrimonio della futura coppia di nubendi: avete mai visto il celeberrimo film *Prima o poi mi sposo*, dove un'agguerrita e griffata Jennifer Lopez ruba il fidanzato alla sua ignara cliente?

E proprio americana, come il film, è l'*origine* di questa professione che è diventata un vero e proprio fenomeno di costume. Estremizzando, potremmo dire che in ogni americano è insita la convinzione che la wedding planner sia indispensabile per la migliore riuscita del giorno tanto sognato. E certamente lo è, visto che oltreoceano sono disposti a pagarla anche 7.000 dollari a matrimonio e che una professionista può guadagnare fino a100,000 dollari all'anno!

Se anche in questo campo gli americani sono da considerarsi dei veri precursori, più difficile è capire *quando* e attraverso quale percorso si è arrivati alla nascita di questa figura professionale: a partire dall'organizzazione delle nozze del parente più prossimo o di un amico, le prime wedding planner hanno trasformato una semplice passione in una e vera e propria professione, tutelata oggi da diverse associazioni. Una e forse la principale tra queste è The Association of Bridal Consultants (ABC). Essa raccoglie approssimativamente 4000 membri di 26 stati americani includendo anche fornitori e operatori del settore. Tra i vari servizi che l'associazione offre vi sono corsi di formazione, consulenza legale e fiscale e supporto nella fase di *start up*, ossia di avvio, dell'attività.

Ma come funziona realmente oltreoceano? Una nostra collaboratrice americana, così ci racconta:

Appena avuta la proposta di matrimonio, la prima cosa che una sposa si preoccupa di fare è sfogliare la guida telefonica per cercare le wedding planner di zona e fissare un incontro per decidere al più presto a quale agenzia affidarsi. I criteri di scelta sono ovviamente molteplici e possono dipendere dall'empatia che si è venuta a creare durante il primo incontro, dalla professionalità e, non ultimo, dal costo del servizio.

Affidarsi a una wedding planner è cosa scontata come comprare gli anelli nuziali. Questo perché oltre al supporto organizzativo, avere una wedding planner rappresenta uno *status symbol* nonché una garanzia di un ricevimento esclusivo e originale. Il suo lavoro inoltre non consiste solo nell'organizzazione e nel coordinamento logistico di tutti gli aspetti legati al giorno delle nozze. Negli Stati Uniti infatti un matrimonio è preceduto da cene, incontri tra i futuri parenti, massaggi rilassanti per la sposa e le sue damigelle, prove di trucco e di acconciatura per tutte le signore amiche di famiglia nonché prove generali nei giorni antecedenti il matrimonio. A tutto questo deve presiedere una brava wedding planner!

Diverso è certamente lo scenario europeo e nello specifico italiano. Se, come abbiamo detto, negli Stati Uniti questa professione esiste già da parecchi anni ed è ben retribuita, è solo da poco che si sta diffondendo nel vecchio continente, Inghilterra a parte. Proprio a Londra si tiene infatti ogni anno la National Wedding Show, la più grande fiera del Regno Unito dedicata agli sposi, aggiornatissima in fatto di ultime tendenze e novità, vero punto di riferimento per quanti vogliano sposarsi o intraprendere la professione.

E in Italia? Presente nei maggiori capoluoghi, Milano e Roma in testa, la figura professionale della wedding planner si sta diffondendo a macchia d'olio anche nei centri minori. Ciò è dimostrato dal sempre maggior numero di agenzie specializzate che aprono i battenti grazie a una più ampia richiesta da parte di un mercato diversificato. C'è poi un dato interessante da non trascurare: sono soprattutto donne quelle che, spesso per conciliare lavoro, figli e famiglia, decidono di mettersi in gioco e avviare un'attività in proprio. Quella della wedding planner è una figura principalmente femminile e lo sviluppo di questa professione rientra appieno nel *boom* registrato in Italia negli ultimi anni delle cosiddette "imprese in rosa".

2. La percezione della professione

2.1. *Dall'opinione pubblica*

Riguardo alla figura professionale e al lavoro di una wedding planner c'è ad oggi poca chiarezza. In primo luogo perché in molti non sanno cosa significhi il termine inglese. D'altra parte la traduzione letterale, ossia organizzatrice di matrimoni, crea ancora più confusione. Nella nostra esperienza lavorativa infatti ci è capitato di essere scambiate per agenti matrimoniali delegate a far incontrare anime gemelle.

Contrariamente agli Stati Uniti, in Italia poi il fenomeno non è ancora esploso e questo fa sì che in molti ancora non sappiano dell'esistenza di questa figura professionale. È pur vero che qualche segnale positivo arriva da alcune parti della nostra Penisola.

A Milano, ad esempio, dove prima che altrove nascono e si diffondono le tendenze e le mode, non è necessario spiegare alla gente comune in cosa consiste il lavoro di wedding planner: la necessità di affidarsi a una consulente nasce dalla mancanza di tempo e dalla apertura mentale, tipica di coloro che vivono in un ambiente sempre pronto al cambiamento e alla novità.

Nei centri più piccoli e di provincia il mercato è ancora un po' acerbo. Non si avverte in maniera così diffusa la necessità di ricorrere a una figura esterna per l'organizzazione del proprio matrimonio, anche se iniziano a mostrarsi i primi segni di un cambiamento e di apertura verso il nuovo fenomeno.

Al centro-sud, a eccezione di Roma che può essere paragonata al capoluogo lombardo, si fa ancora molto affidamento sulla famiglia e si vuole dedicare tempo e energie all'organizzazione.

In generale possiamo affermare che le barriere da abbattere sono ancora molteplici: la scarsa informazione, la presunzione che talvolta gli sposi hanno di potersi organizzare tutto da soli, la paura di non poter decidere liberamente in merito all'organizzazione e, per finire, il pregiudizio che sia un servizio troppo costoso.

Ma non scoraggiatevi: questi sono solo alcuni ostacoli di un lavoro creativo e divertente!

2.2. Da parte della stampa

Responsabile di una cattiva informazione riguardo alla professione è una certa parte di stampa che non è mai riuscita a dare ai lettori una visione reale e concreta di cosa significhi per gli sposi affidarsi a un consulente per l'organizzazione del matrimonio, in termini di risparmio economico, di tempo e di stress inutili.

È sufficiente fare una rassegna stampa degli articoli pubblicati in materia negli ultimi anni dai giornali italiani sia locali sia nazionali per rendersi conto della visione distorta che ne emerge: quanto costa oggigiorno un matrimonio è la domanda più comune che viene posta dai giornalisti agli operatori del settore. Ma in cosa consista esattamente il lavoro di una wedding planner non è mai stato spiegato in maniera approfondita e neanche quali siano i costi e i vantaggi legati a questo tipo di servizio.

Tra le ancora scarse testimonianze giornalistiche c'è però per fortuna anche chi ha compreso l'importanza di affidarsi a una professionista del settore, come dimostrano gli articoli apparsi rispettivamente il 26 ottobre 2005 su *Donna Moderna* e il 23 aprile 2006 su *Corriere della Sera*.

3. Affidarsi a una wedding planner

Vediamo allora cosa significa, dal punto di vista della coppia che si accinge a sposarsi, decidere di affidarsi a una organizzatrice di matrimoni.

Chi decide di mettersi in mano a una wedding planner, capisce da subito il valore aggiunto di un servizio che può sembrare a prima vista accessorio: tutti i futuri sposi sono infatti in grado di organizzare da soli il proprio matrimonio, soprattutto se si considera l'aiuto che zie, mamme e amici elargiscono durante tutti i preparavi.

Farlo con l'aiuto di una wedding planner costituisce un valore aggiunto e comporta indiscutibilmente dei vantaggi, che vogliamo elencare qui di seguito:

♦ in primo luogo si *delegano ansie e stress.* Proprio perché diversamente coinvolta a livello emotivo, la professionista non patisce lo stress che naturalmente accompagna l'organizzazione di un evento così importante. Prende le distanze dagli inconvenienti e affronta con raziocinio anche le situazioni più stressanti. Ha tutto sotto controllo e aiuta gli sposi, grazie a una perfetta organizzazione e nel rispetto delle tempistiche, ad arrivare al giorno tanto atteso senza aver accumulato ansie inutili;

♦ allo stesso modo sa come far *risparmiare tempo prezioso e tante energie.* Grazie a una perfetta pianificazione degli incontri con i vari fornitori, la wedding planner aiuta gli sposi a scegliere con calma valutando soluzioni diverse senza arrivare con l'acqua alla gola al giorno del matrimonio;

♦ grazie alla pianificazione del tempo a disposizione, una brava wedding planner fa *risparmiare* anche *denaro.* Sia perché aiuta gli sposi nella costruzione di un budget planner personalizzato, sia perché sottopone fornitori e soluzioni diverse, scelte sulla base delle possibilità di spesa della coppia ma sempre affidabili e già testati. La wedding planner, inoltre, ha dei rapporti privilegiati con alcuni fornitori: ciò le consente un maggiore potere di contrattazione al fine di ottenere uno sconto per gli sposi;

♦ affidarsi a una wedding planner significa anche poter contare su *idee originali e creative* che differenzino un matrimonio dall'altro. Ogni matrimonio risulta fortemente personalizzato nel rispetto dei gusti e delle esigenze della coppia che di volta in volta ci si trova di fronte;

♦ ultimo della lista ma non per importanza, *la buona* e *perfetta riuscita della cerimonia.* La wedding planner, presente durante tutta la cerimonia dalla chiesa al luogo del ricevimento, coordina i vari fornitori perché tutto avvenga senza intoppi dell'ultima ora.

A questo punto, gli sposi possono solo gustarsi la giornata!

2. Requisiti personali e professionali

1. Le attitudini

Come in qualunque altra professione, anche in questo caso non ci si può improvvisare wedding planner senza una, seppur piccola, formazione professionale. È sufficiente leggere i *curricula* di chi svolge questa attività per capire quale sia il denominatore comune: l'avere avuto un'esperienza lavorativa legata all'organizzazione di eventi, mostre, fiere o corsi di formazione.

D'altro canto, per diventare una buona wedding planner sono necessarie alcune attitudini caratteriali ben precise e se queste sono innate in voi, tutto sarà più semplice!

Ecco quali sono, secondo la nostra esperienza, le caratteristiche personali necessarie per avere tutte le carte in regola:

◆ innanzitutto, ***essere portati per le relazioni interpersonali***. Ciò significa amare la compagnia degli altri; avere la capacità di entrare da subito in sintonia con i propri interlocutori; essere in grado di avere un atteggiamento amichevole con gli sposi; saper comunicare ma soprattutto ascoltare e comprendere le esigenze di chi vi sta di fronte. Nella nostra esperienza ci è capitato che nostri clienti siano diventati anche nostri amici!

- una wedding planner deve sempre mostrarsi tranquilla e padrona della situazione; deve saper consigliare in maniera discreta, mai invadente. E, perché no, essere anche un po' *psicologa:* come può altrimenti riuscire a calmare e a rassicurare la sposa troppo ansiosa o a mettere un freno a quella troppo precipitosa?;

- *essere creativi*. Ciò significa avere la capacità – una volta capite le aspirazioni degli sposi – di saperle interpretare e trasformare in idee uniche e personalizzate, con la convinzione che ogni matrimonio è diverso dagli altri. La creatività si esprime attraverso idee originali e fuori dal comune. Realizzare un progetto di nozze adatto a ciascuna coppia è quasi come calarsi nelle vesti dell'architetto che progetta gli interni di una casa. A volte, è necessario anche saper osare nel proporre soluzioni fuori dagli schemi;

- avere *capacità manuali e doti artistiche*. Non basta avere l'idea giusta. Bisogna saperla realizzare manualmente grazie alla conoscenza approfondita di materiali diversi e della loro lavorazione.

- avere una *spiccata curiosità* verso tutto ciò che riguarda il matrimonio. Questo vi permette di tenervi sempre aggiornate rispetto alle ultime mode, colori, tendenze;

- avere spiccate *doti organizzative*. Ciò è tipico di chi ama organizzare feste, cene o riunioni di qualsiasi natura, cura i dettagli e non lascia nulla al caso e organizza tutto con largo anticipo in modo da avere la situazione sotto controllo;

- *essere disposte al sacrificio* perché come altre attività imprenditoriali, anche questa richiede molto tempo dedicato al lavoro. Sappiate fin d'ora che i *weekend* liberi sono pochi e vi può capitare di incontrare le coppie in orari extra-lavorativi, come di sera e durante le feste.

2. Il profilo della perfetta wedding planner

Se dovessimo delineare il profilo della perfetta wedding planner, potremmo dire che deve essere *estroversa, dotata di senso pratico, creativa e organizzata*.

Tale profilo corrisponde a quello di una persona piena di entusiasmo e capace di trasmetterlo agli altri, sempre alla ricerca di idee nuove e creative e in grado di instaurare al primo incontro con il potenziale cliente un rapporto di empatia e cordialità.

Una brava wedding planner dimostra in ogni occasione di possedere senso pratico e capacità di *problem solving*, ovvero di trovare soluzioni alternative di fronte a un problema o dubbio della coppia. A partire da pochi elementi riesce a costruire progetti armoniosi e innovativi, trovando di volta in volta il modo per personalizzare il prodotto offerto.

Un'abile organizzatrice vuole avere sempre tutto sotto controllo, impone il rispetto delle tempistiche, è decisionista e ama la programmazione.

Accanto a doti e capacità personali, è necessario interrogarsi su questioni più a largo raggio, non esattamente pertinenti con la professione; quelle domande che ci si pone ogniqualvolta si deve fare una scelta lavorativa importante e che potrebbe coinvolgere anche altre persone. È necessario fare i conti con il momento della propria vita in cui capita l'opportunità; chi e in che misura viene coinvolto; quanto tempo impegna e che investimento economico comporta.

Detto ciò, se cercate un lavoro dinamico, divertente, sempre diverso perché molteplici sono le persone che si conoscono; se avete capacità organizzative, buon senso estetico e siete portate ai rapporti interpersonali; in sintesi, se questa è la professione che avete sempre sognato di fare, ebbene mettetevi subito al lavoro con la convinzione che una volta accettato l'incarico dai vostri futuri sposi, l'unica cosa che potrà sfuggire alla vostra organizzazione perfetta saranno solo delle brutte condizioni atmosferiche!

3. La formazione professionale

Come accennato in principio, vi sono poi dei requisiti riconducibili a una base formativa specifica.

Innanzitutto è bene sapere che non sono richiesti titoli di studio particolari. Generalmente chi intraprende questo tipo di professione o, più genericamente, quella dell'organizzazione eventi ha conseguito un diploma o una laurea in scienze della comunicazione, lettere o psicologia. Ciò non significa, però, che se non siete in possesso di un titolo specifico vi sia preclusa la nostra attività. Se poi non avete conseguito una laurea specialistica o non siete laureate, potete comunque rifarvi seguendo questi suggerimenti:

♦ valutate la possibilità di partecipare a dei *corsi di formazione*, sia inerenti all'attività sia interdisciplinari come quelli in comunicazione aziendale, psicologia di vendita o marketing;

♦ cercate poi di intraprendere un *apprendistato* presso una società di wedding planner con esperienza. Immaginate quanto può essere utile per voi essere presenti durante gli incontri con i clienti e con i fornitori o avere l'opportunità di seguire gli allestimenti di un matrimonio. Un domani potreste anche diventare partner della società o entrare nello *staff*. Se non avete la possibilità di affiancare una società che organizza matrimoni perché non ancora presente nella vostra città, potete iniziare dalle agenzie che organizzano eventi più in generale. Ciò vi permette comunque di mettere alla prova la vostra abilità di organizzatrici;

♦ *la consultazione di testi specifici e di riviste di settore* può essere molto istruttiva. I libri migliori per quantità di informazioni e apparato iconografico sono inglesi e americani. Vera e propria *guru* in materia è la scrittrice americana Martha Stewart;

♦ *navigate molto in internet* alla ricerca di siti specifici, italiani e stranieri. A questo proposito, è sufficiente andare su un motore di ricerca e digitare una qualsiasi parola chiave inerente alle nozze. Alcuni dei più importanti vengono segnalati in bibliografia;

♦ è utile poi visitare le *fiere di settore*. Questo vi permette di farvi una cultura a 360° del mercato in cui andate a operare; è l'occasione che vi permette di conoscere e prendere i primi contatti con alcuni potenziali fornitori. Le fiere di settore sono molteplici e in ogni parte di Italia, oltre che naturalmente all'estero. Si tengono sempre nello stesso periodo dell'anno ed è sufficiente una ricerca in internet per conoscerne le date aggiornate.

♦ prendete parte in qualità di semplici spettatrici a quanti più *matrimoni* potete sia di amici sia di persone sconosciute. È sufficiente recarsi presso il proprio comune di residenza e curiosare tra le bacheche dove vengono affissi le pubblicazioni di matrimonio. Scoprirete così chi e quando si sposa. Quanti più matrimoni vedrete tanto più vi si affinerà l'occhio ai particolari e svilupperete un forte senso critico nei confronti di ciò che è bene fare e ciò che va assolutamente evitato.

Tab. 1 – Le principali fiere di settore in Italia

Gennaio	Febbraio	Ottobre
VENEZIA *Venezia Sposi* Terminal Passeggeri 108	PADOVA *È sposi* Padova Fiere	PIACENZA *Invito a nozze* Piacenza Expo
VERONA *Verona Sposi* Verona Fiere	AGRIGENTO *I promessi sposi* Palacongressi	VERONA *Io Sposa* Quartire fieristico
MILANO *MilanoSposi* Filaforum di Assago	PARMA **Sposi&dintorni** *Quartiere fieristico*	MILANO *Milano Sposi* Filaforum di Assago
RIMINI *Non solo sposi e Casa In* Quartiere Fieristico	UDINE *UDINESPOSA* Quartiere fieristico	PAVIA *Gli sposi e la Casa* Palaexpo
NAPOLI *tuttoSposi* Mostra d'Oltremare	CREMONA *Sposinfiera* Quartiere fieristico	**Novembre**
ROMA *RomaSposa* Quartiere fieristico	VITERBO *Habitando* Quartiere fieristico	BARI *Io sposa* Quartiere fieristico
PALERMO *Invito a nozze* Palazzo Gamma	**Giugno**	PORDENONE *Riso e Confetti* Pordenone Fiere
TORINO *Idea Sposa* Lingotto Fiere	MILANO *Sposaitalia* Fiera di Milano	FIRENZE *Tutto sposi* Fortezza da Basso
BASTIA UMBRA (Pg) *Eurosposi* Umbriafiere	**Settembre**	PESARO *Non solo sposi* Salone nazionale degli sposi
BERGAMO *Bergamo Sposi* Fiera Bergamo	BERGAMO *Sposidea* Villa Castelbarco Albani	ROMA *Fiori d'arancio* Palalottomatica

Accanto a quanto detto sinora, ci sono poi delle qualità riconducibili più genericamente alla sfera lavorativa:

25

- innanzitutto avere capacità di ***problem solving***. Di fronte a qualunque tipo di problema organizzativo o imprevisto, un'efficiente wedding planner deve essere in grado di trovare la soluzione più rapida, convincente per gli sposi e più adatta alla situazione;
- sicuramente necessaria è anche una buona capacità di ***negoziazione***. Da un lato bisogna saper negoziare con gli sposi (avete mai provato a convincere la sposa fantasiosa a non costringere il futuro marito a indossare un abito bianco?), più spesso con i fornitori, con i quali dovete saper contrattare condizioni economiche più vantaggiose pur mantenendo alta la qualità del servizio offerto;
- per concludere è bene ***essere professionali***. La professionalità, che concorre a fare di voi delle vere professioniste, deve evincersi dal vostro modo di lavorare, serio e puntiglioso, dal modo in cui rispondete al telefono o scrivete una lettera, un'e-mail ma anche dal vostro modo di vestire o di parlare.

3.1. *Dagli Stati Uniti un'offerta formativa*

Chiunque voglia intraprendere la professione di wedding planner non può esimersi dal guardare oltreoceano per vedere quali sono le offerte formative.

In America vi sono numerosi enti accreditati che propongono diversi corsi on line, alla fine dei quali viene rilasciato un diploma.

Ecco un elenco delle associazioni più importanti e dei relativi corsi:

- ***The Association of Bridal Consultants*** (ABC) è l'organizzazione leader in questo settore e raccoglie approssimativamente 4000 membri in 26 stati americani includendo anche fornitori e operatori del settore. L'offerta formativa prevede tre corsi a vari livelli, tra i quali il Professional Bridal Consultant, Accredited Bridal Consultant il Master Bridal Consultant. Il loro sito è: www.bridalssn.com. L'associazione fornisce una serie di servizi agli associati quali, ad esempio, una newsletter di aggiornamento, il supporto nella creazione dell'immagine aziendale, una serie di corsi di formazione, incontri annuali di aggiornamento, consulenza legale e per ultimo una certificazione che gode di ottime credenziali nei rapporti commerciali;

- ♦ **International Correspondence School** ha previsto diversi percorsi formativi, a conclusione dei quali viene rilasciato un diploma. Le materie previste sono: il ruolo del consulente, come organizzare un matrimonio, la ricerca dei fornitore le attività di marketing. Il loro sito è: www.educationdirec.com;
- ♦ **June Wedding, Inc.** offre due corsi, uno di livello base e uno avanzato. Nel primo vengono dati gli strumenti per l'organizzazione di eventi più in generale; nel secondo, nozioni di marketing e di creazione del business. Il loro sito è: www.junewedding.com.

Un dato interessante che dimostra quanto l'America sia all'avanguardia in questo settore è che negli Stati Uniti i college e le università offrono nei loro piani di studio dei corsi *ad hoc* per questa professione.

4. Oneri e onori di questo lavoro

Crediamo vi sia la curiosità di sapere se, sulla base della nostra esperienza, riteniamo di avere avuto dei benefici nella scelta di questa professione.

Ebbene sì e non è difficile spiegarne le ragioni:

- ♦ perché *è un lavoro stimolante e gratificante.* Ciascun matrimonio che si organizza è sia una sfida che un'opportunità per crescere e imparare cose nuove; permette di sviluppare la creatività grazie alla ricerca di soluzioni sempre diverse e personalizzate e abitua a gestire situazioni impreviste e inaspettate; permette di conoscere persone profondamente diverse una dall'altra. La buona riuscita di ogni matrimonio è la migliore gratificazione personale;
- ♦ perché *è dinamico.* Questo lavoro non ha una componente di *routine* e d'ufficio. Si passa dalla ricerca di nuovi fornitori all'incontro con i clienti; dai sopralluoghi in nuove location alla realizzazione di allestimenti;
- ♦ perché consente grande *flessibilità di orari.* Come ogni libera professionista, anche la wedding planner – grazie alla sua innata capa-

cità organizzativa – riesce a gestire la giornata lavorativa come meglio crede.

È pur vero che anche questo lavoro prevede alcuni svantaggi – o elementi di criticità – che debbono essere analizzati:

- ◆ *il rischio imprenditoriale.* Come ogni altra libera professione, c'è il rischio che non porti i guadagni sperati. Per questo è fondamentale prima di buttarsi a capo fitto fare una serie di considerazioni e analisi di mercato di cui parliamo più avanti;
- ◆ *la non fidelizzazione del cliente.* A meno che una persona non si risposi due volte o che non voglia festeggiare nozze d'argento in grande stile, non vi capiterà mai di avere a che fare due volte con lo stesso cliente;
- ◆ *orari poco definiti.* Ecco il rovescio della medaglia della flessibilità degli orari di lavoro: con questa professione capita spesso di lavorare il sabato e la domenica e anche durante le sere della settimana per andare incontro alle esigenze e disponibilità degli sposi o a lavorare fino a tardi per far fronte a imprevisti. Ciò significa anche tempo rubato alla famiglia;
- ◆ *coinvolgimento emotivo degli sposi.* In che modo il forte coinvolgimento emotivo degli sposi possa risultare uno svantaggio è presto detto. La wedding planner organizza di fatto il giorno più importante di ogni coppia. I clienti si aspettano il massimo delle prestazioni e sono facili alla critica come agli entusiasmi. Un errore banale, la più semplice delle distrazioni, può pesare come un macigno sul giudizio finale del vostro lavoro.

Parte II
Pianificazione dell'attività

3. Primi passi

Se avete deciso di buttarvi in questa professione, prima di smaltire tutte le pratiche burocratiche relative alla costituzione di una società e prima ancora di scegliere un nome e una sede, è necessario fare un'analisi del mercato nel quale intendete posizionarvi per capire se c'è un'effettiva richiesta del servizio. Ecco allora qualche indicazione per riuscire a crearvi un quadro completo.

1. L'analisi di mercato

1.1. Cos'è il mercato?

Il *mercato* è costituito dall'insieme della domanda e dell'offerta. Da un lato ci sono coloro che hanno determinati bisogni da soddisfare e dall'altro le aziende che offrono servizi o prodotti per soddisfarli. Quello che vi deve interessare, e che deve essere per voi materia di studio, è solo il vostro settore di attività, ovvero il *micro-ambiente*.

Il *micro-ambiente* riguarda tutto ciò che può essere influenzato più o meno direttamente dalla vostra impresa. È composto da:

◆ *clienti;*
◆ *fornitori;*
◆ *concorrenti.*

Lo studio di tutte le variabili e delle componenti del vostro micro-ambiente vi permette di individuare i punti di forza della vostra società e nello stesso tempo di focalizzare i punti di debolezza.

Per fare ciò è però necessario raccogliere quante più informazioni potete sul micro-ambiente. Dovete quindi analizzare i cosiddetti "dati di settore", ovvero tutto ciò che indica l'andamento del mercato nel vostro settore specifico. Parlando in termini generali, un'ottima fonte di dati di settore è costituita dalle associazioni di categoria che pubblicano con frequenza annuale i loro dati di scenario e le relative previsioni. Nel vostro caso però, trattandosi di un settore molto particolare e non potendo fare riferimento a una associazione di categoria precisa, dovete accontentarvi di desumere i dati dalle riviste, dagli esperti del ramo in cui operate, dai fornitori o da coloro che sono già presenti sul mercato, ossia i vostri stessi concorrenti.

Raccolti e analizzati i primi, è necessario studiare *l'articolazione del mercato*, ovvero quali e quanti fornitori, concorrenti ecc: sono presenti sul mercato. Per fare ciò, è bene consultare gli annuari, come la guida Kompass o la Dun & Bradstreet, le Pagine Gialle o visitare le fiere.

1.2. Il cliente tipo

Una volta capito in quale mercato vi state muovendo, dovete passare allo studio della domanda.

Venendo al vostro caso specifico, il primo interrogativo al quale rispondere è se nella vostra zona vi sia una richiesta del servizio da voi offerto, ovvero coppie intenzionate a sposarsi con l'aiuto di una figura professionale.

Un supporto vi può essere fornito da alcune tecniche di marketing che segmentano il mercato per trovare all'interno dell'insieme disomogeneo di potenziali clienti dei gruppi omogenei, aventi cioè dei comportamenti di acquisto simili rispetto a variabili demografiche e geografiche (età, sesso, famiglia, stato, regione, città), socio-economiche (occupazione, reddito, istruzione, categoria sociale) ecc.

La verifica di questa segmentazione può essere supportata da una indagine sul campo attraverso un'intervista su un campione rappresentativo di potenziali clienti. L'intervista può essere telefonica (*telemarketing*) laddove abbiate la possibilità di avere dei nominativi correlati da numeri telefonici, ma può anche essere fatta mediante un *questionario* (vedi tab. 1) da sottoporre alle coppie per strada o, meglio ancora, in uscita da una fiera di settore.

Tab. 1 – Esempio di questionario da sottoporre a potenziali clienti

Ciao, posso farvi alcune domande?

Qual è la vostra età?
□ tra i 18 e i 26   □ tra i 27 e i 35   □ oltre i 35

Qual è la vostra professione?
□ impiegato   □ libero professionista   □ altro

State per sposarvi? Se sì, avete già deciso la data e il luogo?

Avete già iniziato i preparativi delle vostre nozze?
□ Sì   □ No

C'è qualcuno che vi aiuta? Se sì, chi?

Vi piacerebbe poter contare su una figura professionale che vi aiuti sbrigando per voi le incombenze più noiose e consigliandovi le migliori soluzioni?
□ Sì   □ No

Conoscete la figura della wedding planner?
□ Sì   □ No

Se sì, avete mai pensato di affidare a una wedding planner parte dell'organizzazione dell'evento?
□ Sì   □ No

Per quale servizio?
□ ricerca del luogo del ricevimento □ creazione allestimenti   □ altro

Avete mai pensato di affidare a questa figura professionale anche la regia delle vostre nozze perché tutto sia perfetto e a voi sia data l'opportunità di godere in pieno di quel giorno?
□ Sì   □ No

I risultati dell'intervista vi aiutano inoltre a creare un quadro esauriente del cliente tipo.

Il *cliente tipo* ha dei bisogni che è vostro compito comprendere per adeguare il vostro servizio e successivamente soddisfare. Generalmente è colui che ha poco tempo da dedicare ai preparativi di nozze; ha discrete disponibilità economiche; vuole idee e soluzioni originali e la pronta risoluzione di qualunque problema.

1.3. *I fornitori*

Anche se di questa categoria si parla più approfonditamente nella terza parte del libro, è fondamentale capire, già durante la fase di pianificazione dell'attività, se ci sono fornitori disposti a iniziare un rapporto di collaborazione con la vostra agenzia e a quale tipologia appartengono. Consapevoli del vantaggio che può loro derivare nel medio e lungo periodo, tali fornitori devono essere disposti a elargirvi una percentuale sul servizio e devono essere affidabili, nella qualità del prodotto offerto e nel rispetto dei tempi di consegna, ma soprattutto fidati.

1.4. *La concorrenza*

Concorrenti sono coloro che svolgono la vostra stessa attività e che pertanto potrebbero sottrarvi potenziali clienti.

Lo studio della concorrenza permette quindi di capire quali sono gli spazi lasciati liberi dagli altri operatori di settore e quali decisioni strategiche prendere per il successo della vostra nuova iniziativa.

Per avere un quadro il più possibile completo della situazione, dovete trovare una risposta alle seguenti domande:

♦ *quali e quanti sono i vostri concorrenti;*
♦ *dove sono localizzati;*
♦ *quali servizi offrono;*
♦ *quali prezzi praticano;*
♦ *quali sono i loro punti di debolezza;*
♦ *quali quelli di forza;*
♦ *che cosa dovrebbero fare e non fanno.*

La domanda specifica che dovete porvi per analizzare la concorrenza del vostro micro-ambiente è se ci siano già delle agenzie di wedding planner nel vostro territorio. Fate attenzione però perchè i vostri concorrenti potrebbero essere anche "indiretti" come ad esempio un atelier di abiti da sposa che vende anche bomboniere, inviti e partecipazioni ecc.

Molto utile è verificare in che modo lavorano le agenzie già presenti nella vostra zona. Laddove possibile, consigliamo di conoscere personalmente e apertamente i vostri concorrenti. Individuati e analizzati i loro punti di debolezza sarete in grado di trasformarli a vostro vantaggio per offrire un servizio diverso.

Ipotizziamo, per fare un esempio, che l'agenzia operante nella vostra area di influenza sia presente sul mercato con un prodotto costoso e *d'elite*, lontano dai gusti e dal budget del target più giovane a cui intendete rivolgervi. Studierete una strategia di posizionamento diversa, presentandovi con un'immagine fresca e giovane in grado di attirare l'attenzione del vostro pubblico.

Per differenziarvi, potete poi attuare una strategia commerciale basata sul prezzo. State attenti però che spesso la clientela tende a associare ai prezzi bassi anche scarsa qualità e affidabilità.

Potete anche avere fornitori molto particolari, poco conosciuti e con un ottimo rapporto qualità/prezzo.

Ricordate infine che la discriminante che farà la differenza rispetto ai vostri concorrenti sarà la qualità del servizio offerto!

2. La scelta della forma giuridica

Successivamente alla definizione del vostro mercato di riferimento e all'analisi della concorrenza, dovete costituire una società e decidere quale forma giuridica darle. Ciò dipende innanzitutto dal numero di persone coinvolte nel vostro progetto imprenditoriale.

Le possibili alternative sono:

♦ *ditta individuale (di);*
♦ *società in nome collettivo (snc);*
♦ *società in accomandita semplice (sas);*
♦ *società in accomandita per azioni (sapa);*
♦ *società a responsabilità limitata (srl);*

- *società cooperative responsabilità limitata (scrl);*
- *società per azioni (spa).*

È chiaro che se siete gli unici promotori della nuova iniziativa vi dovete indirizzare verso una ditta individuale. Se invece siete più di uno la scelta tra le diverse alternative è più complessa.

Crediamo tuttavia opportuno che sulla scelta della migliore forma giuridica vi rivolgiate a un esperto in materia, come un commercialista.

3. Gli adempimenti burocratici

Siete arrivati a un punto in cui è necessario armarsi di un po' di pazienza per accingervi a compiere una serie di adempimenti burocratici abbastanza noiosi:

- *l'iscrizione* presso la ***Camera di Commercio*** competente. L'attività viene inquadrata in una delle tante fattispecie esistenti e vi viene dato un codice di riferimento;
- *la dichiarazione di inizio attività* presso il **Comune** in cui intendete aprire la vostra sede. È per questo necessario aver già individuato una sede per renderla nota in tale dichiarazione;
- *l'apertura della Partita Iva* presso il **Registro delle Imprese**. Ciò viene fatto consegnando il codice attività;
- *la scelta di un commercialista* che vi possa iscrivere presso il vostro albo di competenza;
- dovete poi pagare una *tassa d'iscrizione* alla cassa di competenza;
- avete bisogno anche di una sorta di *visto* da parte della polizia locale che invia un vigile presso i locali dell'attività al fine di certificare l'esistenza di una struttura idonea.

Non dovete però allarmarvi: il costo dell'intera operazione non supera le poche centinaia di euro. Di pazienza, invece, ne perderete in abbondanza!

4. La sede e gli strumenti di lavoro

La scelta di un ufficio, negozio o altro in cui poter lavorare e incontrare i futuri sposi è sicuramente di importanza fondamentale. Anche se inizialmente vi sembrerà di poter gestire tutto da casa, non appena avrete i primi contatti con i fornitori e ancora di più con i clienti vi renderete conto di avere bisogno di un ufficio, seppur piccolo, in cui poter lavorare e ricevere.

Innanzitutto è meglio scegliere la locazione rispetto all'acquisto per non gravare troppo sui costi di inizio attività.

Importantissima è l'ubicazione: meglio se facilmente raggiungibile in macchina o comunque ben servita dai mezzi. L'ideale è nel centro storico della città o in zone limitrofe. Meglio scartare la periferia, ammesso che non sia un ambiente molto particolare quale la porzione di un loft ricavato in complessi di archeologia industriale.

Non è importante invece la dimensione, meglio che sia di rappresentanza. Un palazzo storico, magari con bella vista su un monumento. In alternativa, potete anche scegliere un negozio con una vetrina su una strada di passaggio ben frequentata.

Il vostro buon gusto si misura nella capacità di scegliere in maniera adeguata l'arredamento, considerando che anche la scelta dei mobili rispecchia la vostra immagine: noi preferiamo un arredamento dalle linee pulite e dai colori chiari e luminosi, non troppo pomposo né allo stesso modo troppo minimalista e impersonale. Se la vostra società è caratterizzata da un colore, perché non riprenderlo in alcuni particolari dell'arredamento quali cuscini, lampade, cornici?

La vostra sede deve risultare confortevole, adatta a un'accoglienza intima e calda. Gli sposi devono sprofondare nelle poltrone e non sentirsi dall'altra parte del tavolo quasi a colloquio di lavoro. Non ci devono essere barriere tra loro e voi, che possano creare distacco.

Ovviamente nell'ufficio devono essere presenti anche gli strumenti di lavoro: un computer con una buona stampante a colori e un telefono/fax. È fondamentale attivare da subito internet e l'abbonamento a una serie di riviste di settore. Utili anche dei volumi americani o inglesi sicuramente ricchi di spunti e di foto interessanti.

5. Il Business Plan

Questo termine di derivazione anglosassone non ha bisogno di grandi traduzioni: il *Business Plan* o piano d'affari è uno strumento che descrive in modo analitico tutti gli elementi del vostro progetto d'impresa. In sintesi, si può dire che deve essere la rappresentazione degli effetti economici, finanziari e patrimoniali di un progetto.

Il Business Plan ha due utilizzi: come **strumento interno** per capire se il progetto ha una buona validità e per **richiedere un finanziamento**, ossia per permettere ai soggetti che erogano il finanziamento di valutare la validità del progetto.

Un Business Plan ben fatto si compone di almeno **3 parti fondamentali**.

1. Descrizione dell'imprenditore e dell'attività imprenditoriale. È una parte introduttiva che deve sinteticamente contenere:

- ◆ **il progetto**: la nascita dell'idea dell'attività imprenditoriale e il suo sviluppo. Tale descrizione deve essere fatta mettendone in evidenza i punti di forza;
- ◆ **l'imprenditore**: il progetto d'impresa deve contenere un *curriculum* di ciascuno dei soggetti facenti parte del progetto. Dal *curriculum*

devono emergere le capacità lavorative e le attitudini professionali che danno garanzia di una buona riuscita dell'attività. Nel vostro caso, ad esempio, capacità organizzative, abilità nella risoluzione dei problemi, creatività, capacità di relazione, ecc: Anche le precedenti esperienze di settore vissute dall'imprenditore costituiscono punti a favore.

2. *Descrizione della strategia d'impresa,* nella quale è necessario dettagliare gli aspetti operativi del piano d'affari:

♦ *cosa* pensate di offrire con la vostra attività e quali necessità andrete a soddisfare;
♦ *dove,* ovvero quale segmento di domanda andrete a servire;
♦ *quale* concorrenza andrete ad affrontare e con quali strumenti;
♦ *come,* ovvero quali decisioni adotterete e qual è il piano di *marketing* che vi servirà per imporvi sul mercato.

3. *Le previsioni economico-finanziarie.* Questa ultima parte è quella più complessa, a meno che voi siate degli esperti di numeri e finanza. Poiché è necessario preventivare i traguardi economici, dovete affidarvi a un consulente per la compilazione di questa parte in cui è necessario indicare:

♦ *di quali somme* necessitate per costituire e avviare l'impresa (piano degli investimenti);
♦ *quali* sono le vostre *fonti di finanziamento;*
♦ *i profitti* che vi porterà il vostro progetto. Per capirlo dovete fare una previsione di un ipotetico fatturato e dei costi che la vostra attività richiederà (conto economico previsionale);
♦ *quale* è la *situazione patrimoniale* dell'impresa (stato patrimoniale preventivo);
♦ *di quanta liquidità* necessitate per un buon funzionamento (piano finanziario).

A questo punto è bene sapere che oltre alla banca, vi potete rivolgere altrove per avere finanziamenti.

6. Finanziamenti alle imprese

Esistono delle sovvenzioni erogate a livello nazionale, regionale o comunitario. Esse si possono distinguere in due categorie: a bando e a sportello aperto.

I finanziamenti a bando hanno dei termini, sia di apertura sia di chiusura, fissati dall'ente che concede l'agevolazione; quelli a sportello aperto sono invece accessibili in qualunque momento dell'anno e comunque fino a esaurimento delle risorse.

La legge nazionale che prevede dei contributi all'imprenditoria femminile è la 215/92. Con essa il Ministero dell'Industria mette a disposizione delle donne imprenditrici stanziamenti erogati a fronte di investimenti già sostenuti o da sostenere. Per tutto l'anno 2006 la cifra stanziata è stata di circa novanta milioni di euro. La legge, anche se non prevede limiti minimi, è indirizzata a finanziare piani di spesa di importo medio e piccolo distribuiti su un breve arco temporale. Una parte del finanziamento viene concesso a fondo perduto ed una parte a tasso agevolato dello 0,5% da restituire in 10 anni. In merito a questa legge, consigliamo di consultare il sito: www.legge215.it.

Vi sono poi, per ogni regione, dei bandi specifici. Alla regione Lombardia, per esempio, fa capo il progetto Saturno.

Per avere informazioni dettagliate, consigliamo di rivolgervi allo sportello "punto nuova impresa" della provincia di riferimento, oltre alla consultazione di alcuni siti di interesse nazionale quali ad esempio:

◆ www.monitorweb.it;
◆ www.ifimprenditoriafemminile.it;
◆ www.paritypoint.net;
◆ www.legge488.it;
◆ www.opportunitalia.it;
◆ www.osservatoriolei.com;
◆ www.unioncamere.it;
◆ www.obiettivofinanziamenti.it.

4. Tipologie dei servizi offerti

1. Servizio gratuito o a pagamento

Il *Business Plan* e più ancora l'analisi della concorrenza permettono di capire che posizionamento dare al vostro servizio. La scelta dipende dal *target,* ovvero l'obiettivo, che intendete raggiungere e dal pubblico cui intendete rivolgervi.

Analizziamo la questione da un punto di vista economico, ossia dalla disponibilità di spesa dei vostri potenziali clienti. Se il segmento di mercato non ancora aggredito dai vostri *competitors* è quello di matrimoni medio-alti e credete che ci sia richiesta, dovete affermare la vostra immagine e predisporre la vostra campagna di *marketing* in funzione di tale *target*, sottolineando l'offerta di location e fornitori molto prestigiosi e offrendo servizi di alto livello. In questo caso potete scegliere di far pagare il vostro servizio, come costo fisso o come percentuale sulla spesa totale sostenuta dagli sposi.

Se, viceversa, l'analisi di mercato vi ha dimostrato che nella zona in cui intendete operare c'è maggiore richiesta da parte di un pubblico medio-basso, sempre in termini di disponibilità economica, il messaggio che dovete dare è quello di un'offerta di servizi con un buon rapporto qualità prezzo ma più economici rispetto alla prima ipotesi. In questo secondo caso potete decidere di attuare una strategia basata sull'offerta di un servizio, il vostro, gratuito, laddove vi venga elargita una percentuale dai vari fornitori.

2. Modalità del servizio

Alcune coppie si affidano a una wedding planner per organizzare e coordinare l'intera cerimonia; altre preferiscono fare da sole lasciando alla professionista solo il ruolo di *art-director* della giornata. Vediamo allora nello specifico quali sono le modalità in cui si può declinare questo servizio.

2.1. *Consulenza di base*

Questo servizio comprende un incontro presso il vostro ufficio: una o due ore di consulenza per supportare gli sposi rispondendo alle loro domande e dubbi, dando loro delle direttive su come muoversi. Generalmente richiesto dalle coppie che amano fare tutto da sé e ne hanno il tempo ma necessitano di qualche suggerimento su come e da dove iniziare. Si tratta di un servizio perlopiù a pagamento, da non confondersi con il primo incontro conoscitivo, gratuito, di cui parliamo più avanti.

2.2. *Consulenza parziale*

Può capitare che una coppia durante i preparativi del matrimonio si accorga di non riuscire a organizzare solo uno o due aspetti perché non conosce i fornitori adatti. Questo servizio comprende un primo incontro con gli sposi presso il vostro ufficio per conoscere le loro esigenze e la ricerca di fornitori selezionati in termini di qualità del servizio e di spesa. Durante un secondo incontro, gli sposi hanno modo di vagliare le alternative che sottoponete alla loro attenzione. Nel caso di un fotografo, ad esempio, la coppia deve poter vedere un book fotografico, avere una consulenza tecnica dal professionista in questione e dei preventivi.

Il nostro consiglio è di organizzare questi incontri cercando di riunire nella stessa giornata più fornitori, per far risparmiare tempo a voi e agli sposi. Fa parte del vostro servizio anche contrattare con i fornitori e, se richiesto dai vostri clienti, coordinare i pagamenti finali.

2.3. Servizio completo

Gli sposi che si rivolgono a una agenzia per l'organizzazione completa delle nozze generalmente lo fanno perché non hanno il tempo per occuparsene di persona ma, soprattutto, perché desiderano avere degli allestimenti personalizzati e una festa di nozze esclusiva e curata nei minimi dettagli.

Generalmente gli stessi vogliono la presenza della wedding planner il giorno delle nozze per evitare gli inconvenienti dell'ultimo minuto.

In questo caso la vostra consulenza riguarda tutti gli aspetti logistici e organizzativi legati alla cerimonia. Il "pacchetto completo" che voi offrite loro può svilupparsi nei seguenti punti:

♦ *stesura* di un *budget planner* e calendario degli incontri;
♦ *ricerca dei vari fornitori*, a partire dalla scelta della location fino all'agenzia di viaggio;
♦ *coordinamento, contrattazione e prenotazione* dei vari fornitori;
♦ *consulenza nella scelta di un tema*, di un colore o di uno stile conduttore della cerimonia;
♦ *preparazione di un progetto di nozze* studiato *ad hoc* nei vari elementi: dai libretti messa al tableau degli inviatati;
♦ *creazione degli allestimenti*;
♦ *presenza durante il giorno del matrimonio*, supervisione e regia dell'evento.

2.4. Wedding day Coordinator

In questo caso il vostro compito è quello di coordinare tutti gli aspetti organizzativi e i vari fornitori solo il giorno del matrimonio sia in chiesa sia al ricevimento. Questo servizio permette non solo alla coppia ma anche ai parenti della stessa di vivere il giorno delle nozze senza lo stress di sovrintendere e vigilare che tutto sia perfetto.

5. L'importanza dell'immagine

1. L'immagine aziendale

Si è detto che quando si avvia un'attività in proprio di qualsiasi natura è fondamentale decidere il posizionamento che si vuole avere sul mercato.

A questo scopo è importante *l'immagine* che volete dare alla vostra società. Ma cosa si intende per immagine?

Provate a rovesciare il punto di vista e pensate a un'azienda già consolidata sul mercato. Le opinioni che vi siete fatte su quella azienda nel corso del tempo sono l'immagine che quella è riuscita a trasferirvi. Quella immagine deriva dunque dalle relazioni che l'azienda è riuscita a istaurare con voi (affezione, simpatia ecc.) e costituisce un patrimonio di credibilità duraturo nel tempo.

L'immagine è pertanto la somma di elementi diversi, che possiamo raggruppare in due categorie: *visivi* quali il nome della società, il logo, i colori e *comportamentali* quali il modo di operare, di trattare il cliente, l'efficienza e la rapidità. È molto importante che tutti gli elementi siano in sintonia tra loro e che vi sia coerenza tra i primi e i secondi. Ciò significa che l'immagine della vostra azienda deve nel tempo rimanere il più fedele possibile all'idea iniziale che gli altri si sono fatti.

1.1. *Ideazione di un nome*

Primo passo verso la creazione dell'immagine della vostra società, l'ideazione del *nome* può sembrare semplice, almeno apparentemente. Ma nella scelta di un nome è insita la caratterizzazione che si vuole dare alla propria attività. Per questo è fondamentale avere bene in mente due domande chiave: qual è il messaggio che volete trasferire attraverso il nome e qual è il vostro pubblico di riferimento.

Ipotizziamo che vogliate chiamare la vostra società *Studio nozze* o *Progetti di nozze*. Che messaggio trasferireste ai potenziali clienti? Certamente quello di professionalità, competenza e affidabilità. L'idea di un gruppo di persone che costruiscono insieme agli sposi un progetto di nozze studiato *ad hoc* nei minimi particolari. D'altro canto, quei nomi suonano impersonali mentre per una wedding planner è importante il rapporto che si viene a creare con il cliente e che questo ultimo si fidi di lei quasi fosse un'amica che lo consiglia.

Ipotizzate ora di chiamarvi *Nozze da sogno*. In questo secondo caso il nome è più musicale e meglio si addice al contesto in cui andate a operare. Però, contrariamente al primo, può dare adito a confusione. Non è chiaro il messaggio che volete trasmettere: non dà quasi l'idea di un'agenzia matrimoniale? È importante, infatti, che il lavoro dell'organizzatrice di matrimoni non venga confusa, come spesso invece accade, con quello di un'agenzia che fa incontrare e sposare cuori solitari.

Se siete incerte tra due o più nomi, avete a disposizione uno strumento che vi può certamente aiutare nella scelta: *l'intervista*.

Provate a prendere un campione di parenti e amici e a chiedere loro quale tra i nomi che avete in mente farebbe più breccia nel caso dovessero affidarsi a una società che organizza matrimoni. Restringerete così la rosa e arriverete alla decisione migliore. Fidatevi poi del vostro istinto!

Il nome da solo potrebbe poi non bastare. Per questa ragione è importante che al nome vero e proprio venga aggiunto una specificazione che spieghi meglio di cosa si tratta. Ad esempio "servizi per il matrimonio" o, meglio ancora, "wedding planner".

Il nome deve comunque essere semplice da memorizzare, pertinente all'ambito nel quale operate, sia che sia esplicito sia che sia implicito.

46

Il nome CHICCHI D'ARANCIO, che esplicitamente non parla di matrimonio, ha in sé però due componenti fondamentali dello stesso e l'associazione è pertanto immediata. Studiando poi la concorrenza sul mercato, ci viene suggerito che nomi accattivanti, romantici e musicali riscontrano maggior successo.

1.2. Ideazione di un logo

Il *logo* è un'immagine che si lega al nome e che ci aiuta a ricordarlo più facilmente. Spesso il nome stesso, se scritto con un carattere particolare, può diventare un logo.

Il logo, sia esso una scritta o un'immagine, se studiato bene e ben realizzato, fortifica l'immagine positiva della società. Trattandosi di un settore nel quale l'immagine conta molto, il logo di chi si accinge a diventare wedding planner deve essere semplice, facilmente memorizzabile ma allo stesso tempo elegante. Se vi presentate con gusto, gli sposi penseranno che siate in grado di realizzare un matrimonio raffinato.

Per fare tutto ciò non ci si può improvvisare. Il nostro consiglio è quello di affidarsi a uno studio grafico che sia in grado di studiare soluzioni diverse tra le quali scegliere. L'ideazione e la realizzazione di un logo ha un certamente un costo ma avere un proprio logo, da un punto di vista dell'immagine, costituisce sicuramente uno dei maggiori punti di forza.

1.3. La registrazione del marchio

Merita un paragrafo a parte il discorso relativo alla registrazione del marchio, ossia di quel un segno che contraddistingue prodotti e o servizi di un imprenditore.

Una volta che si è deciso quale marchio dare al proprio servizio, è necessario verificare in ultima battuta che esso non esista già. Per saperlo si può fare una ricerca su internet o, meglio ancora, affidarsi a uno studio legale di consulenti in marchi d'impresa che effettuerà per conto vostro la ricerca di anteriorità. La ricerca, il cui scopo è proprio quello di rilevare l'esistenza di marchi simili o identici, costa all'incirca quattrocento euro.

Il passo successivo è quello della registrazione, che è molto importante al fine di evitare in un secondo momento controversie con terzi. Anche in questo caso meglio affidarsi allo studio legale. Il costo della registrazione con le tasse governative è di circa cinquecento euro.

1.4. *Studio e creazione di un dèpliant*

Se vi siete trovati bene con lo studio grafico che ha pensato il vostro logo, rivolgetevi allo stesso per l'ideazione e successiva realizzazione di un *dèpliant*.

Il **dèpliant** altro non è che un foglio in cui sono riportate tutte le informazioni inerenti alla vostra società. È fondamentale perché, assieme al biglietto da visita, costituisce senza dubbio la migliore carta di presentazione ogniqualvolta vi trovate a avere a che fare con un fornitore o con i clienti e dà maggiore credibilità a voi e alla vostra società. Come già anticipato, il *dèpliant* serve per dare delle informazioni utili e il suo contenuto deve essere il più esauriente possibile. Tra le informazioni ve ne sono alcune che non devono mai mancare: il nome dell'agenzia, il logo, chi siete, dove operate e quali servizi offrite. Accanto a queste, quelle necessarie a farvi contattare: i recapiti telefonici (oltre al fisso dare sempre anche il numero di cellulare), l'indirizzo postale (se avete già una sede), l'indirizzo web e quello di posta elettronica.

La disposizione dei testi è libera e si consiglia, accanto a una parte relativa ai servizi che offrite, una parte più discorsiva e accattivante.

Non vi sono invece regole precise sul formato del *dèpliant*, che può essere avere dimensioni diverse, può essere di una o più pagine, patinato o no, a colori o in bianco e nero, con o senza fotografie. In questo compito vi può guidare il vostro gusto personale. Ovviamente più sarà elaborato, più costerà la realizzazione grafica e la successiva stampa. La prima potrebbe costare circa mille euro; il costo della stampa è molto variabile, dipendendo proprio dal tipo di carta che scegliete, dal colore e dalla quantità. Vi consigliamo infine di scegliere un formato e un peso che vi consentano di imbustarlo e spedirlo per posta senza costi troppo elevati.

1.5. *Il biglietto da visita*

Contemporaneamente al *dèpliant*, consigliamo di far ideare e realizzare anche il biglietto da visita. È vero che oggi esistono delle macchine che, a un costo irrisorio, stampano biglietti in formati diversi con loghi diversi. Ma questi non saranno mai personalizzati e unici come invece dovrebbe essere il biglietto di una wedding planner. Sarebbe auspicabile inoltre che si giocasse sulla stessa immagine che già vi siete date. Perché allora non utilizzare lo stesso logo in modo che vi sia coerenza con il dèpliant?

2. L'immagine di sé

Molto di quanto detto sull'immagine aziendale vale anche per la vostra immagine personale. Ciò è soprattutto vero per gli elementi comportamentali.

Se pensiamo che «non si ha mai due volte la possibilità di lasciare la prima impressione», ne deriva che da subito, da come vi presentate, dovete fornire la migliore immagine, costruita sapientemente usando tutti gli strumenti e i trucchi a vostra disposizione. Certamente non è semplice ma più difficile ancora è esserne sempre all'altezza per non deludere le aspettative del cliente.

Diversi sono gli elementi che concorrono alla creazione della vostra immagine personale e anche in questo caso potremmo dividerli tra quelli legati al modo di essere e quelli legati all'apparire. Tra i primi:

◆ *la verbalità*, ossia il modo di parlare. Ciò significa, oltre ovviamente all'uso di un italiano corretto, essere in grado di trasmettere un messaggio chiaro e comprensibile. Saper parlare significa anche essere convincenti. Meglio evitare la gergalità e un'esposizione piatta, monotona, senza coloriture, accenti e pause. Importante è anche il tono della voce. Essa è infatti una spia che rivela gli stati d'animo e le emozioni. Meglio un tono basso e pacato;

◆ *l'atteggiamento e l'espressione del volto*, che devono rivelare uno stato d'animo sereno, documentato ogni tanto da un sorriso. È molto importante cercare di capire bene la situazione e mostrarsi sempre disponibili e attente, mai con aria di sufficienza o disinteresse. Fondamentale è poi saper ascoltare e incoraggiare i futuri sposi a parlare, per meglio capire e interpretare le loro esigenze;

◆ *l'efficienza*, ossia la capacità di lavorare bene e in fretta senza però trascurare i particolari;

◆ *l'affidabilità*, grazie alla quale il cliente si fida ciecamente del vostro modo di essere e di lavorare; di conseguenza si fiderà del modo in cui organizzerete il suo matrimonio.

Tra i secondi:

◆ *il modo di vestire*. Dovete sempre essere in grado di mantenere un certo stile, qualunque sia il vostro modo di vestire. La scelta dell'abbigliamento dipende dall'occasione e non necessariamente dovrete sempre essere eleganti. È importante però dare sempre l'idea di uno stile curato, mai trasandato. Non bisogna tuttavia forzare il vostro modo di essere per non risultare impacciate. Meglio studiare un modo personalizzato di vestire;

◆ *la gestualità*, ossia il modo di muoversi e di gesticolare. Meglio non esagerare con i movimenti del corpo o delle mani per non dare l'impressione di trovarsi a disagio. Al contrario, un gesticolare attento e studiato dà l'impressione di avere tutto sotto controllo e di essere padrone della situazione.

3. Il sito internet

Al giorno d'oggi, sembra non essere possibile non avere un sito internet: estremizzando potremmo affermare che, se non avete almeno una home page, la vostra società non è degna di essere presa in considerazione. Analizzate a questo proposito il vostro cliente tipo: giovani nati e cresciuti con il computer tra le mani e che usano internet come anni fa si sfogliavano le pagine dell'enciclopedia. Internet è veloce, immediato, è un contenitore di informazioni molto ricco e facilmente consultabile.

Anche per la realizzazione di un sito meglio rivolgersi a uno studio grafico competente (*web designer*) che, oltre alla parte creativa, si occupa anche di registrare il dominio e comprare lo spazio presso un *service provider*. Avere un sito è fondamentale per creare un *account* proprio, ossia un indirizzo di posta elettronica che non sia quello personale. A questo proposito, assicuratevi di avere una *webmail*, che vi consentirà di consultare la posta attraverso internet in qualunque parte del mondo vi troviate.

Realizzare un sito, almeno dal punto di vista della grafica e dei contenuti, è più facile avendo già realizzato il materiale cartaceo. Se non avete molto tempo da dedicargli, potete infatti in un primo momento trasporre il contenuto del *dèpliant*. All'inizio è quindi molto semplice, magari costituito da poche pagine. Poco alla volta può essere arricchito, con immagini di alcuni matrimoni o con particolari di composizioni floreali o allestimenti.

Anche nella creazione di un sito bisogna avere bene in mente chi si vuole raggiungere e in che modo. Va quindi strutturato in maniera semplice e chiara, magari mettendo tra le prime voci quelle dei contatti. Il sito deve rispecchiare il più possibile l'immagine che vi siete date. Per questo consigliamo una *home page* che riprenda a tutta pagina il vostro nome e, se lo avete, il logo in maniera fortemente impattante. È auspicabile anche una versione in inglese, sia per eventuali sposi stranieri che decidano di pronunciare il fatidico "sì" nella nostra bellissima terra, sia per un valore puramente estetico e di immagine.

Per ricapitolare, perché sia completo, un sito almeno inizialmente deve essere composto da una *home page*, dalla pagina dei contatti e da quella dei servizi offerti. Accanto a queste, se ne possono di volta in volta creare di nuove come una pagina sulle curiosità, sulle notizie utili, sulla rassegna stampa e sulla galleria fotografica.

Il sito internet deve sempre essere aggiornato!

6. La comunicazione

1. Il ruolo della comunicazione

La comunicazione è un processo bilaterale che avviene sempre tra due o più soggetti e serve a fornire dei dati che devono essere recepiti nel modo più chiaro possibile. Nella gestione quotidiana di un'attività, la comunicazione ha un ruolo molto importante e può portare un significativo valore aggiunto se gestita in modo efficace.

Non intendiamo in questa sede però parlare di tutti i tipi di comunicazione (comunicazione può essere anche quella tra voi e un cliente) ma solo della *comunicazione mediatica*, ossia quella che parte dalla vostra società e ha come destinatari i vari mezzi di informazione, quali stampa, radio o televisione.

Due sono le componenti fondamentali di un processo comunicativo: il *contenuto*, ossia cosa comunicare e la *relazione*, ovvero le modalità di trasmissione del messaggio. Vediamoli in dettaglio.

2. Cosa si vuol comunicare

Come già anticipato, è importante avere ben chiaro cosa si vuol comunicare, ossia l'oggetto della comunicazione.

In questa fase iniziale di pianificazione dell'attività, duplice a nostro avviso è l'obiettivo della comunicazione: rendere nota la professione di organizzatrice di matrimoni a quanti ancora la ignorino e, più nello specifico, informare dell'esistenza della vostra agenzia.

In primo luogo è importante che tanto la gente comune quanto soprattutto i futuri sposi sappiano che anche in Italia e in particolare nella zona in cui operate è presente questa nuova figura già tanto richiesta in altri Paesi. Più se ne riesce a parlare e a far parlare la stampa, più entra a far parte della mentalità e del costume l'idea di affidarsi a una wedding planner.

In secondo luogo, bisogna comunicare se stessi. Ciò significa far sapere della vostra esistenza. Se l'agenzia che intendete aprire è la prima della vostra zona, è importante insistere su questo concetto e sul ruolo svolto dalla wedding planner; viceversa, se vi inserite in un mercato già sensibile e "istruito", data la notizia che anche voi esistete, meglio insistere sui vantaggi che derivano dall'affidarsi a voi.

Ricordate sempre che, nel caso specifico di un'agenzia che organizza matrimoni, il fine ultimo di una buona comunicazione è quello di procacciare clienti.

3. Gli strumenti di comunicazione

3.1. *L'azione stampa*

Per azione stampa si intendono tutte quelle attività necessarie a far circolare una notizia secondo un processo che parte da voi e raggiunge appunto la stampa, intesa come l'insieme dei mezzi di informazione.

Per intraprendere un'azione stampa, bisogna innanzitutto avere una notizia da comunicare. Il fatto che esistiate, che abbiate aperto una sede, meglio ancora un evento che state organizzando e che sia pertinente con la vostra attività, sono tutte notizie che possono suscitare un interesse nei vari mezzi di comunicazione. Più la notizia è curiosa e accattivante, più persone coinvolge, meglio ancora se nomi conosciuti o istituzioni, maggiore è la cassa di risonanza sui vari *media*.

3.1.1. Il comunicato e la cartella stampa

Una volta decisa la notizia da comunicare, è necessario approntare un comunicato stampa (vedi tab. 1), che altro non è che un documento nel quale mettete per iscritto la notizia. Anche se non scritte, ci sono regole molto precise che consigliamo di seguire nella stesura di un comunicato.

♦ Innanzitutto il contenuto deve essere *scritto in modo chiaro e lineare*.
Ricordate che il destinatario è il giornalista, non importa di quale testata o di quale mezzo di informazione. Sempre di corsa e indaffarato, il giornalista ama comunicati scritti bene e nei quali la notizia è immediata. Nella stesura, consigliamo di avere bene in mente le famose 5 W del giornalista: chi, come, quando, dove, perché. Dopo aver risposto per iscritto a queste domande, il comunicato è pressoché pronto.

♦ Attenzione ai *tempi dei verbi*.
Nella stesura di un comunicato è sempre meglio usare il tempo presente, raramente il futuro. Il primo, infatti, meglio si addice a una notizia fresca.
Ipotizziamo che abbiate organizzato un evento per il giorno successivo. Vi verrebbe quindi più spontaneo usare il futuro in espressioni tipo "si terrà", "vi parteciperanno". Poiché però la notizia viene pubblicata verosimilmente il giorno stesso dell'evento, meglio scrivere "si tiene, vi partecipano".

♦ Importantissima è la *brevità del testo*.
Si consiglia di non superare la pagina di un formato A4. Più è breve e meno fatica costerà al giornalista leggere il vostro messaggio e più probabilità avrete che venga pubblicato.

♦ Il comunicato deve essere inviato su *carta intestata*. Questo perché è fondamentale dare al destinatario tutte le informazioni necessarie a farvi ricontattare in caso di necessità. Se non ne siete provvisti, basterà indicare a piè pagina i vostri recapiti.

Un'analisi fatta negli Stati Uniti su 123 giornali ha dimostrato che 94 comunicati su 100 vengono cestinati o perché sprovvisti di una reale notizia o perché fatti con un linguaggio troppo pubblicitario.

I giornali ricevono ogni giorno un numero inimmaginabile di comunicati: basti pensare che un qualunque giornale locale ne riceve tra i 50 e gli 80 al giorno.

Tab. 1 – Esempio di comunicato stampa

Milano, settembre 2007

Trasformare il più temuto giorno di pioggia in nozze indimenticabili? È possibile, a patto che...
Pianificare e organizzare un matrimonio richiede un dispendio di energie che è spesso in contrasto con la mancanza di tempo delle giovani coppie. L'inesperienza rende più difficoltosa la scelta e lo stress, che spesso accompagna la preparazione di un giorno così importante, non aiuta a fronteggiare gli imprevisti.
Perché ogni minimo particolare renda quel giorno perfetto, è necessario affidarsi alla professionalità e creatività di una *wedding planner*, da qualche anno anche in Italia figura di riferimento sempre più richiesta dai futuri sposi.

Proprio per questa ragione, CHICCHI D'ARANCIO, consolidata agenzia specializzata nell'organizzazione di cerimonie e eventi, ha deciso di trasferire tutte le proprie conoscenze e la professionalità a coloro che vogliono diventare wedding planner. Come? Attraverso un corso che permette di acquisire tutte le competenze necessarie per poter fare della propria passione una vera e propria professione.
La vera novità è che si tratta di un **corso on line**, per permettere la partecipazione a tutti coloro che lavorano o che, a causa della distanza, non potrebbero seguire gli incontri in aula.

Il corso si articola in 7 moduli, ciascuno dei quali suddiviso in una serie di capitoli di approfondimento: dal marketing alla comunicazione; dalla gestione del cliente alla ideazione e realizzazione di un matrimonio personalizzato.
Ma non finisce qui! Le due titolari Chiara e Simona, oltre a fornire tutto il materiale didattico, stabili scono un filo diretto con tutti i partecipanti per rispondere via e-mail a dubbi e perplessità. Vengono inoltre presentate testimonianze, di fornitori e clienti, che saranno di supporto alla parte teorica.

Due le date di inizio del corso, pensato a numero chiuso (massimo 15 partecipanti) per permettere un miglior svolgimento delle lezioni: la prima il 15 settembre; la seconda intorno alla metà di novembre.
Per ulteriori informazioni circa il costo, la durata e la data ultima entro la quale inviare l'adesione, consultare il sito www.chicchidarancio.it o mandare un e-mail a info@chicchidarancio.it.

Il comunicato può essere inviato via fax o via *e-mail*. Uno strumento utile, nel caso facciate conferenze stampa o incontri con i giornalisti, è la *cartella stampa* che raccoglie, oltre al comunicato, un breve profilo della vostra società e tutto il materiale necessario per permettere al giornalista di confezionare il suo articolo.

3.1.2. La mailing list, il recall e la rassegna stampa

Approntato il comunicato stampa, è necessario fare un elenco delle testate radio, televisive e di stampa ossia di approntare quella che in inglese si chiama *mailing list*. Ciò significa individuare tutti i quotidiani, periodici e riviste specialistiche potenzialmente interessati alla vostra notizia. Nel caso di un'attività come la vostra, svolta di prevalenza su un determinato territorio, la maggiore attenzione deve essere rivolta ai media locali, di cui non bisogna sottovalutare l'importanza.

Il mezzo ancora una volta più rapido è internet. Esiste però anche un volume cartaceo (con annesso *cd-rom*) che racchiude tutto il mondo dell'informazione diviso per tipologie (stampa, radio e tv) e aggiornato ogni quadrimestre. Per saperne di più, vi consigliamo il sito www.medias.it. L'investimento è piuttosto costoso e il volume, per la sua specificità, è decisamente di settore: normalmente lo si trova negli uffici stampa delle agenzia di pubblicità o di grandi aziende.

Per ogni testata è necessario trovare il referente interno, ossia il giornalista potenzialmente più interessato a ricevere la vostra notizia. I referenti delle diverse testate non saranno sempre gli stessi, perchè diverso può essere il taglio della notizia che volete dare: economico, femminile, di costume, ecc. Una vostra telefonata al giornalista potrebbe anticipargli chi siete e che gli state per mandare un comunicato stampa.

Fondamentale è invece, una volta inviato il comunicato stampa, fare il *recall*. Si tratta di richiamare per telefono tutti i destinatari del vostro comunicato per sapere se hanno ricevuto il materiale. Spesso si instaurano dei buoni rapporti e questo vi può sempre aiutare per far passare un'altra notizia. Altre volte, soprattutto agli inizi, potrebbero non prestarvi ascolto. Non preoccupatevi per questo: l'importante è che abbiano ricevuto tutto il materiale. Saranno loro a ricontattarvi se la notizia li interessa.

Il passo successivo è fare la ***rassegna stampa*** per quantificare i ritorni, ovvero gli articoli in cui si è parlato di voi. Si devono acquistare tutti i giornali ai quali avete spedito il comunicato stampa. Si sfogliano meticolosamente e, se vi sono, si ritagliano gli articoli che vi riguardano.

Anche in questo caso meglio seguire un criterio ben preciso. Gli articoli vanno ritagliati e incollati su carta con la testata, data e numero di pagina e archiviati in ordine di uscita, dal più recente al più vecchio, in un faldone. Avere tanti ritorni è sinonimo di credibilità e prestigio. Se avete già un sito internet, è buona norma pubblicarli.

È bene sapere che esistono delle agenzie preposte alla raccolta dei ritorni stampa, che vengono poi spediti via posta o in formato elettronico via *e-mail* a un determinato costo. A questo proposito consultate, tra i tanti, il sito www.presstoday.com. Lo stesso vale per le trasmissioni.radiofoniche o televisive.

3.2. *L'intervista*

Un altro strumento grazie al quale potete rendere noto ai *media* che esistete e fornire dei dati utili sulla vostra attività è l'intervista che potreste dover rilasciare a un giornalista.

Vi sono degli accorgimenti che è meglio conoscere per poter affrontare bene in tutta serenità questo appuntamento.

◆ Informatevi sempre su ***chi è il giornalista***, per quale testata lavora e leggete una copia della testata prima dell'intervista.

◆ Cercate di concordare su cosa verterà l'intervista e ***preparatevi sull'argomento***. Stendete una scaletta, precisando i concetti che volete trasmettere. Focalizzatevi su poche cose rilevanti e supportatele con dati ed esempi.

◆ Create ***un'atmosfera rilassata*** con il giornalista e preparatevi a rispondere con franchezza e sincerità a tutte le domande. Non chiedete al giornalista di non pubblicare qualcosa di quanto detto. Usate un linguaggio semplice e chiaro, se volete fornire dei dati che siano di fonti attendibili e ben identificate.

♦ Se possibile, chiedete di rivedere l'intervista direttamente al giornalista (che non è obbligato a farlo) tenendo presente che può essere utile solo al fine di evitare imprecisioni.

3.3. *La conferenza stampa*

La conferenza stampa è uno strumento da utilizzare laddove avete una notizia che deve essere diffusa a un numero molto consistente di testate. Nel caso di una wedding planner, è ovvio che le situazioni in cui si richiede una conferenza stampa sono limitate. Tuttavia, la pubblicazione di un libro o l'inaugurazione di un ciclo di proiezioni cinematografiche avente per oggetto il tema del matrimonio, ad esempio, potrebbero essere una di quelle.

Ancora una volta, decisa la notizia, il processo comunicativo ha inizio con la creazione di una *mailing list* di giornalisti e testate che volete invitare alla conferenza. Potete approntare un invito via *e-mail* o cartaceo in cui riportate il tema della conferenza, la data, il luogo e l'ora in cui essa si tiene. È importante che non venga distribuito alcun comunicato prima della conferenza per non incorrere nel rischio che il giornalista, avendo già il materiale con cui formulare un articolo, non prenda poi parte alla conferenza. Il comunicato va invece inserito, insieme alla presentazione della vostra società e ad altro materiale, nella cartella stampa di cui abbiamo parlato in precedenza.

Durante una conferenza normalmente si hanno almeno un paio di relatori. Nel caso della pubblicazione di un libro, potrebbe ad esempio prendervi parti l'autrice (wedding planner) e un esponente della casa editrice.

Ricordatevi che dovete essere preparate sull'argomento: per aiutarvi potreste stendere le possibili domande e risposte.

4. Il passaparola

Anche se sottovalutato, il passaparola è un ottimo strumento, seppur indiretto, di comunicazione. Esso dipende infatti da voi solo in parte: fate un buon lavoro e gli altri penseranno, spesso involontariamente, a farvi una buona pubblicità.

Il passaparola è un processo inarrestabile che può avere origine da un parente verso un altro parente, da un amico o, meglio ancora, da un cliente soddisfatto verso nuovi potenziali clienti. Vale più di tanta pubblicità e, soprattutto, non costa nulla!

Parte III
Le attività operative

7. Le attività di marketing

Iniziamo con una definizione necessaria: per marketing si intende genericamente l'insieme di tutte le attività svolte da un'impresa per la commercializzazione di prodotti o di servizi.

Abbiamo già visto come tali attività rivestano un ruolo fondamentale nella fase di *start up*, ossia di avvio di un'azienda. Ora, nella fase più operativa, dovete utilizzare tutti gli strumenti che avete a disposizione per commercializzare il vostro servizio e farvi conoscere.

Di fondamentale importanza è l'utilizzo della vostra creatività. Il ricorso a nuove forme di promozione che vi garantiscano visibilità sul mercato dipende dalle vostra capacità di trovare sempre soluzioni creative e innovative.

Detto ciò, gli strumenti che avete a disposizione sono molteplici, anche se in questo capitolo vengono trattati solo quelli che riteniamo più adatti alla promozione dell'attività di wedding planner.

1. Gli strumenti del marketing

1.1. *Il mailing*

Il *mailing*, ossia l'invio tramite *e-mail* o posta di un messaggio promozionale, è certamente uno strumento efficace che vi dà la possibilità di raggiungere il vostro *target*, permettendovi di ampliare la vostra base di clienti. L'invio presuppone ovviamente un buon numero di indirizzi e anagrafiche dei destinatari cui spedire il messaggio. A questo proposito è opportuno sapere che esistono delle società che si occupano di vendere liste di nominativi complete e corredate da numeri di telefono, indirizzi postali e *e-mail*. Prima di acquistare un pacchetto è necessario però avere ben chiaro a chi intendete rivolgere il vostro messaggio. Nel vostro caso può trattarsi di un pubblico giovane, presumibilmente tra i 25 e i 35 anni, non sposato e residente nella zona in cui operate. Fatto ciò, potete procedere all'invio del *mailing* che deve essere semplice, chiaro e scritto in modo accattivante per poter catturare l'attenzione del destinatario. Un *mailing* può contenere ad esempio uno sconto sul servizio per quanti decidano di affidarsi a voi o un invito a un primo incontro gratuito.

La scelta di quale supporto utilizzare per l'invio del messaggio, se cartaceo o elettronico, dipende da diverse considerazioni quali a esempio il costo dell'operazione: nel primo caso dovete mettere in conto i costi di stampa del *mailing*, delle buste e il costo del francobollo; il secondo, ossia l'invio elettronico, è senza dubbio meno oneroso ma anche più impersonale e rischia di passare inosservato tra le miriadi di messaggi promozionali che quotidianamente intasano la posta elettronica di ciascuno di noi. C'è il rischio che il destinatario non gli dia il giusto peso e addirittura che lo percepisca come una scocciatura. L'invio cartaceo, al contrario, è sicuramente più elegante e quindi più adatto laddove vogliate colpire l'attenzione del vostro destinatario con un prodotto ben confezionato: l'utilizzo di una carta particolare e un formato originale vi danno la possibilità di esprimere meglio la vostra creatività.

1.2. *La pubblicità*

La pubblicità rappresenta certamente lo strumento più immediato al fine di ottenere buona visibilità. Tuttavia è anche il più costoso. Questo perché quando si vogliono investire soldi in questo canale bisogna pianificare una vera e propria campagna pubblicitaria. Non basta infatti una semplice uscita: il messaggio pubblicitario va reiterato se si vuole che venga memorizzato e recepito.

Questa premessa è valida qualunque strumento si voglia usare: televisione, radio o stampa.

Preso atto di ciò, meglio aver chiaro da subito quali vantaggi e svantaggi offrono i tre canali sopra citati.

Poiché il fine ultimo di una campagna pubblicitaria è quello di procacciare clienti, ne consegue che tra tutti i mezzi sopra citati quello meno efficace in relazione all'attività di una wedding planner è la **televisione**. Voi infatti volete offrire un prodotto ben specifico e indirizzato a un pubblico particolare, mentre la televisione generalmente si rivolge alla massa. Tra gli altri, è anche certamente il canale più costoso. Quanto può costare infatti ideare e realizzare uno spot televisivo? E quanto ancora costerebbe trasmetterlo ripetutamente su una delle principali emittenti? Va da sé, senza fare conti troppo complessi, che si tratta di un investimento cospicuo. La situazione non è tanto diversa nel caso si tratti di una emittente minore.

Più economica è la **radio**, soprattutto se locale. Provate a informarvi se ne esiste una nella vostra città o provincia e quale è il suo pubblico di riferimento. Se è in linea con il vostro *target*, chiedete allora i prezzi per la realizzazione di uno spot pubblicitario e per la sua trasmissione durante il giorno. Il costo della realizzazione può dipendere da alcune variabili come ad esempio se si preferiscono dialoghi a una o più voci con o senza rumori di sottofondo e accompagnamento musicale. Il costo della trasmissione varia invece da emittente a emittente. Noi abbiamo fatto una stima su alcuni campioni di radio locali (vedi tab. 1).

Ultima ma non per importanza, la **stampa**. Anche in questo caso, meglio investire su un giornale locale. Non crediate però che i prezzi siano vantaggiosi, sia che si tratti di un quotidiano, di un settimanale o di un mensile. Anche in questo caso, i prezzi variano a seconda della dimensione del messaggio promozionale, se bianco e nero o a colori e dal numero delle uscite (vedi tab. 2).

Tab. 1 – Media delle tariffe di alcune radio locali: costo in base al numero di passaggi

Numero di passaggi	Costo per passaggio (30 sec.)
0-200	6,00 euro
201- 500	5,00 euro
501-1000	4,00 euro
1001-2000	3,00 euro
Da 2001 in poi	2,00 euro

Tab. 2 – Media dei prezzi di uno spazio pubblicitario su quotidiani locali

Formato 3x4 bianco/nero	Formato 3x9 bianco/nero	Formato mezza pagina bianco/nero	Formato pagina intera bianco/nero
€ 470,00 cad.	€ 440,00 cad.	€ 710,00 cad.	€ 1.200,00 cad.
5 uscite € 420,00 cad.	5 uscite € 360,00 cad.	5 uscite € 580,00 cad.	5 uscite € 890,00 cad.
8 uscite € 330,00 cad.	8 uscite € 280,00 cad.	8 uscite € 500,00 cad.	8 uscite € 790,00 cad.

1.3. *Fiere, manifestazioni e eventi*

Abbiamo unito fiere e eventi in uno stesso paragrafo perché accomunate da un contatto diretto col pubblico. Per il resto, si tratta di due modi molto diversi di fare *marketing*.

Le prime, oltre a farvi conoscere, permettono di procacciare sul posto potenziali clienti; i secondi soprattutto di fortificare o ampliare la vostra immagine. Vediamoli nello specifico.

Oggigiorno **le fiere di settore** dedicate agli sposi sono tantissime. Ogni regione, per non dire ogni capoluogo di provincia, ha le sue. Durano in media tre giorni e alcune si ripetono più volte nel corso dello stesso anno. Poiché non si può pensare di partecipare a tutte ma si consiglia di partecipare almeno a una, è importante come primo passo fare uno *screening* di quelle più interessanti al fine della promozione di voi stessi. La fiera alla quale decidete di partecipare deve offrirvi risultati tangibili nel più breve arco di tempo e per arrivare a ciò, tra i criteri di una buona scelta, vi consigliamo:

- *l'ubicazione.* Meglio iniziare dalla fiera più vicina geograficamente. Questo perché è più facile e meno dispendioso in termini economici e di tempo dover allestire e poi presidiare lo stand. Avete inoltre più probabilità che i futuri sposi abitino in un'area vicina a dove operate e questo vi facilita in tutte le fasi successive del lavoro;
- *il periodo.* Meglio scegliere tra quelle che si tengono all'inizio dell'autunno o al più tardi a fine ottobre. Queste fiere sono infatti frequentate da chi verosimilmente si sposerà nella primavera dell'anno successivo. Solo così potrete pianificare per intero il loro matrimonio; viceversa, nelle fiere che si tengono nei mesi invernali potreste conoscere futuri sposi già a buon punto nell'organizzazione, rischiando di dover fornire loro solo dei singoli servizi;
- *il costo.* Non esiste un listino prezzi definito. Il costo di uno stand dipende da molti fattori. Più è prestigiosa la fiera, più alto è il prezzo d'affitto. Esso dipende anche dalle dimensioni dello spazio, dalla sua posizione all'interno del padiglione fieristico e dall'allestimento prescelto. Si parte infatti da formule base (tre pareti senza pannelli o moquette) per arrivare a allestimenti più complessi. Ogni fiera ha comunque un suo tariffario e regolamento. Meglio farsi inviare in anticipo tutta la documentazione, sia per scegliere sapientemente sulla base delle proprie disponibilità economiche, sia per non rischiare di doversi accontentare degli ultimi stand rimasti;
- *il prestigio.* Esso dipende da molteplici fattori: dalla grandezza del quartiere fieristico, intesa come metri quadrati di esposizione; dal conseguente numero di espositori e dal prestigio degli stessi (grandi nomi o piccoli espositori?); dal numero complessivo dei visitatori e quindi, in generale, dalla riuscita in termini economici della fiera.

Partecipare a una fiera significa smaltire tutte le pratiche burocratiche per l'ammissione, coordinare l'allestimento e il successivo disallestimento dello stand, ideare e realizzare la scenografia e presidiare in ogni momento e per giorni consecutivi la postazione.

Oltre a ciò, il compito più difficile e impegnativo è il contatto costante con il potenziale cliente. La fiera è un vero e proprio banco di prova per le relazioni interpersonali: fate affidamento su alcuni strumenti che possono venirvi in aiuto come un questionario per rompere il ghiaccio o magari un piccolo regalo.

Ricordate inoltre che nella stessa fiera può essere presente la concorrenza. Per affrontarla è necessario essere sicuri di sé e, cosa ancora più importante, avere una strategia di *marketing* ben precisa.

Un'ultima raccomandazione: non vendete un prodotto in bella esposizione sul banco. Voi vendete un servizio che molti credono accessorio e dovete essere in grado di promuoverlo al meglio.

Diverso è il discorso relativo agli *eventi.*
La realizzazione di un evento, infatti, ha finalità diverse da quelle di una fiera. Nella fattispecie, esso serve a:

♦ farvi conoscere sul mercato da *potenziali clienti*;
♦ ampliare o consolidare la vostra *immagine*;
♦ avere *ritorni stampa* grazie alla pianificazione di una buona azione stampa.

Fondamentale è che l'evento abbia pertinenza con il campo in cui operate. Ecco alcuni eventi che potete realizzare:

♦ una *serata di degustazione* vini in cui le future spose imparano a apparecchiare la tavola secondo precise regole del galateo;
♦ la *presentazione di un libro* avente per oggetto il matrimonio nelle sue forme più ironiche o melodrammatiche;
♦ un'*esposizione di abiti* da sposa attraverso le varie generazioni;
♦ una *sfilata* organizzata in collaborazione con un atelier famoso;
♦ quale migliore evento di *un matrimonio* da voi organizzato? In quella occasione, la sola vostra presenza contribuisce alla promozione di voi e del vostro lavoro.

1.4. *Internet*

Già si è detto qualcosa circa l'importanza di internet nel capitolo relativo alla creazione di un sito proprio. In questa sede si vogliono invece trattare più da vicino le strategie che si possono mettere in pratica utilizzando questo mezzo, sempre avendo come fine quello di una maggiore visibilità e di procacciare clienti.

Ecco alcune delle infinite possibilità offerte da questo mezzo:

♦ *la realizzazione di pubblicità a pagamento*. Ci sono diversi siti italiani, senza considerare quelli stranieri, che parlano di matrimonio. In ognuno di essi si ha la possibilità di comparire a pagamento. Il vantaggio di questo tipo di pubblicità è che è decisamente meno costosa di qualunque altra. Per comparire con una scheda o un *banner* relativi alla vostra azienda, foto e *link* al vostro sito, potete pagare dai 100 ai 200 euro l'anno. Può essere interessante investire qualche centinaio di euro anche sui siti stranieri per vedere se c'è gente disposta a sposarsi nella nostra penisola;
♦ *l'inserimento nei motori di ricerca* (Google, Virgilio, Yahoo, ecc.). Il costo dell'investimento in questo caso è più alto ma offre una visibilità maggiore;
♦ *lo studio di sinergie con siti affini*. In questo caso il pagamento avviene come "scambio merce", come nello scambio reciproco di *link*.

Come già detto, le potenzialità di internet sono infinite. Basta avere iniziativa e idee.

1.5. *Il marketing creativo*

Ancora una volta la creatività può essere una carta da giocare per riuscire a colpire l'attenzione del vostro pubblico di riferimento: prima di investire soldi in pubblicità, provate a trovare qualche altro modo di farvi conoscere. Spesso infatti un'idea originale riesce a veicolare la vostra attività meglio di un investimento in pubblicità.

Nel nostro caso, ad esempio, una forma di promozione indiretta è quella di fare da moderatrici in un sito sul matrimonio. Siamo le esperte wedding planner che rispondono ai dubbi e alle domande delle future spose. In questo modo siamo riuscite a veicolare il nostro nome e la nostra professionalità e a mettere alla prova la nostra creatività nel trovare soluzioni sempre nuove per le nostre spose virtuali.

Un altro esempio di *marketing* creativo che abbiamo messo in atto è stata l'ideazione di un corso di formazione on line sulla tanto aspirata professione. Grazie a questa iniziativa, future spose in cerca di una consulenza per l'organizzazione del matrimonio hanno capito in cosa consiste la nostra attività e ne hanno valutato gli innegabili vantaggi.

In conclusione ciò che si può desumere dagli esempi fatti, è che essere imprenditore significa anche il saper trovare sempre nuove opportunità di *business* e modi creativi per incrementare il proprio giro d'affari.

8. La gestione del cliente

1. L'incontro conoscitivo

Il primo incontro è generalmente di reciproca conoscenza: i futuri sposi devono capire chi siete (potrebbero aver saputo di voi tramite passaparola o internet ma non vi hanno mai visto di persona) e lo stesso vale per voi nei loro confronti.

Generalmente l'atteggiamento iniziale della coppia è piuttosto diffidente: gli sposi stanno sulla difensiva e studiano il vostro comportamento, prestando molta attenzione a ogni vostro gesto o parola.

Non preoccupatevi: sappiate infatti che è molto difficile conquistare la fiducia incondizionata al primo appuntamento. Fiducia e stima crescono con l'avanzare dei lavori e la diffidenza iniziale lascia presto il posto a un comportamento più aperto e amichevole.

Alcuni accorgimenti da parte vostra possono però sciogliere una situazione di iniziale imbarazzo e evitare che chi vi sta di fronte si senta impacciato: riservare loro una calda accoglienza in un ambiente confortevole e senza divisori; offrire un caffè o un bicchiere d'acqua ristoratore vi può essere d'aiuto a allentare la tensione. Quanto più gli sposi si sentono a loro agio in vostra compagnia tanto più avranno un colloquio sereno e rilassato, nel quale sentirsi liberi di parlare e di esprimere apertamente le loro preferenze.

Dovete cercare di cogliere ogni sfumatura dal loro modo di presentarsi, di comportarsi e di parlare. Molte informazioni su una persona si ricavano infatti dalla semplice osservazione più che da tante parole. Inizialmente la conversazione verte su argomenti generici: voi vi mostrate interessate alla loro professione, a dove abitano e a come si sono conosciuti.

Da parte loro aspettatevi una serie di domande a raffica sulla vostra attività: da quanto lavorate nel settore, come avete iniziato, quanti matrimoni fate in un anno sono domande molto frequenti. Ovviamente vogliono avere informazioni dettagliate sul vostro modo di lavorare.

A questo punto dovete essere in grado di spiegare attraverso quali e quanti passaggi avviene l'organizzazione di un matrimonio. È importante essere convincenti e abili a impressionare positivamente la coppia che avete davanti. Un racconto di un matrimonio già realizzato, la descrizione di borghi o rocche incantate potrebbe farli sognare a occhi aperti. L'importante è essere sicure di sé e avere la situazione sotto controllo.

Nella gestione del primo incontro gioca poi un ruolo importantissimo la comunicazione, intesa come processo bilaterale che avviene tra due o più soggetti e che serve a fornire dei dati che devono essere recepiti nel modo più chiaro possibile. Instaurare una corretta comunicazione col cliente genera dei convincimenti circa la validità del servizio che offrite, concorre a creare la vostra reputazione e aiuta a non percepire un'immagine distorta della vostra attività.

Durante il primo colloquio conoscitivo, non necessariamente vi viene assegnata l'organizzazione del matrimonio. Gli sposi possono volerci pensare ed è necessario che vi mostriate serene e che non vogliate convincerli a ogni costo, ottenendo così l'effetto contrario.

Altre volte può capitare che siano assolutamente fermi nella decisione di avere voi come wedding planner. Ecco allora che il dialogo può toccare note più personali: in questo caso dovete ricavare dagli sposi più informazioni possibili sui loro gusti, le loro preferenze e aspirazioni. A questo scopo, vi sono utili alcune schede già stampate per l'occasione e da compilare seduta stante.

Prima però, è necessario stabilire i termini del contratto.

1.1. *Il contratto*

Sia che gli sposi vi chiedano di organizzare un singolo aspetto sia che vi affidino l'organizzazione completa del loro matrimonio, è sempre necessario mettere per iscritto gli accordi presi.

Senza doversi affidare a esperti legali, inizialmente è sufficiente *una lettera d'incarico* quale garanzia per entrambe le parti: la wedding planner si tutela nel caso gli sposi decidano di venir meno all'impegno preso e gli sposi, dal canto loro, possono reclamare nel caso il lavoro non venga svolto come deciso di comune accordo.

A seconda della modalità di offerta del servizio (gratuito o a pagamento, completo o parziale) segue poi un accordo scritto diverso.

Nel caso ad esempio di un servizio gratuito, può essere sufficiente far firmare una lettera nella quale gli sposi si impegnano a dare una caparra, che viene loro restituita a matrimonio finito o un rimborso spese che viene trattenuto dalla agenzia.

Nel caso invece di un servizio a pagamento, potete redigere un documento in cui, oltre alle parti che si impegnano e l'informativa al trattamento dei dati personali, c'è una spiegazione dei servizi offerti ciascuno con il costo della vostra prestazione.

1.2. *Strumenti operativi*

Durante il primo incontro conoscitivo, nel caso gli sposi decidano di affidarsi da subito alla vostra professionalità, vi è molto utile adoperare alcuni strumenti cartacei.

Primo fra tutti, una *scheda* che dovete completare di tutte quelle informazioni necessarie a ricostruire la storia dell'evento. Tali informazioni vanno poi scrupolosamente archiviate in un *database*.

Ecco di quali voci può essere composta:

- ◆ *data e luogo del matrimonio*;
- ◆ *chiesa o municipio prescelto*;
- ◆ *numero di invitati approssimativo*. Oltre al numero, vi è utile sapere quanti di loro sono adulti (con ulteriore distinzione tra parenti e amici) e quanti bambini. Questi dati sono preziosi al fine di indirizzare gli sposi verso una soluzione piuttosto che un'altra: se il nume-

ro dei parenti supera quello degli amici, optate per un pranzo o cena seduti. Generalmente i parenti, soprattutto se anziani, preferiscono un ambiente tranquillo e amano stare seduti al tavolo. Se la maggioranza è costituita da amici, potete proporre una cena a buffet con festa dopocena;

◆ *luogo del ricevimento*. I futuri sposi preferiscono un agriturismo, un ristorante, una villa o un castello? Nel caso scelgano una location è necessario pensare al catering più adatto da proporre, anche sulla base del loro budget. Se non hanno idee, siete voi a doverli indirizzare magari creando suggestioni e immagini che siano in grado di farli sognare;

◆ *allestimenti floreali*. La sposa ama un fiore in particolare o predilige un colore? Preferisce composizioni classiche o più originali? Il vostro consiglio e le vostre idee sono assai preziose nell'indicare i fiori di stagione e gli accostamenti di colore migliori. Anche in questo caso dovete approssimativamente indirizzarli verso una cifra di spesa;

◆ *fotografo e operatore video*. Dovete capire se gli sposi vogliono le classiche foto in posa o preferiscono uno stile da reportage, con foto spontanee e quasi rubate, e di conseguenza adattare la vostra offerta;

◆ *bomboniere*. Gli sposi prediligono il classico sacchetto con oggetto d'argento o sono aperti a idee diverse e originali? Dovete proporre qualche fornitore originale;

◆ *musica in chiesa e al ricevimento*. Oltre a conoscere i gusti musicali della coppia, è importante metterla a conoscenza di idee nuove. Ha mai pensato al coro *gospel* in chiesa o a una semplice chitarra acustica al ricevimento?;

◆ *abiti per gli sposi*;

◆ *lista nozze*. Anche in questo caso bisogna capire verso cosa gli sposi sono orientati, se una lista tradizionale o un viaggio di nozze;

◆ *autonoleggio*. Siete voi a indicare, se non hanno una preferenza per un modello particolare, la macchina più adatta al contesto nel quale si sposano.

Sempre in questa sede, è utile riuscire a individuare insieme agli sposi un colore o un tema dominante per legare tra loro i vari elementi.

Agli sposi che per esempio prediligono un posto rustico ma accogliente dovete proporre un agriturismo. Gli addobbi floreali devono adeguarsi alle caratteristiche della location: girasoli, ranuncoli e erbe profumate servono a creare la giusta composizione accanto alle rose o a altri fiori più importanti. A partire da questi elementi, tutti gli altri devono essere in sintonia tra di loro: i libretti della messa, i menù, il tableau degli invitati e i segnaposti, devono avere un tocco agreste: perché non utilizzare la rafia al posto del cordoncino di raso? Lo stesso vale per le partecipazioni: meglio prediligere cartoncini colorati di tinte pastello a quelli più eleganti e classici color avorio. Per concludere, anche l'abito della sposa deve adeguarsi e essere in tema con la natura (magari con dei piccoli fiorellini) semplice e lineare e un maggiolone per auto.

Diverso nel caso gli sposi predilligano una location raffinata e romantica come ville, castelli o un borgo arroccato sulla collina. Antiche corti con i loro portici vengono allestite con bianchi gazebo e sentieri di candele. I materiali da utilizzare sono più preziosi: raso, seta o velluto a seconda della stagione; gli allestimenti floreali più studiati e con fiori importanti: calle, gigli, rose accostate a frutta e bacche. L'abito della sposa prezioso ed elegante, magari con guanti, strascico, applicazioni di perline, perle o altro. Per finire, un'auto d'epoca a aspettare gli sposi fuori dalla chiesa.

Prima di terminare l'incontro, consegnate agli sposi una cartelletta, magari con il vostro logo o di un colore che vi distingua, contenente gli altri strumenti cartacei, utili questa volta soprattutto a loro:

- ◆ *un promemoria* di cose da fare, scandite nei vari mesi e settimane antecedenti il matrimonio;
- ◆ *un budget planner* dove riportare le spese preventivate e successivamente quelle sostenute;
- ◆ *un elenco invitati*, ovvero una tabella ove indicare gli invitati divisi tra coloro che verranno al banchetto e quelli invitati solo in chiesa.

A conclusione del vostro primo incontro fissate il successivo appuntamento, durante il quale aiuterete gli sposi nella creazione di un *budget*, che sarà vostra cura far loro rispettare: il matrimonio è un evento in cui la probabilità di eccedere nelle spese è molto alta.

2. La creazione di un budget

A meno che non vi capiti il matrimonio della figlia di qualche magnate della finanza o di un personaggio famoso, nessuna coppia di sposi ha a disposizione un *budget* illimitato: per tale ragione è giusto mettere gli sposi al corrente che la spesa complessiva per un matrimonio può oscillare tra un minimo di diecimila euro a un massimo di trentamila. Ovviamente non c'è un limite al tetto massimo e buon per voi se ve ne capita almeno uno oltre quella cifra, anche perché potrebbe diventare un biglietto da visita per i matrimoni futuri.

La creazione di un *budget* parte da una semplice scheda (vedi tab. 1) che dovete compilare in presenza degli sposi, con il loro aiuto e coinvolgimento diretto. La compilazione può avvenire in due modi sostanzialmente opposti tra loro.

Tab. 1 – Esempio di budget planner

Cerimonia e Rinfresco		Addobbi floreali	
Ristorante o Agriturismo	_____	Addobbi in Chiesa	_____
Location	_____	Bouquet sposa	_____
Catering	_____	Boutonniers	_____
Addobbo location	_____	Addobbo auto	_____
Subtotale	_____	*Subtotale*	_____
Fotografie		**Abiti e accessori**	
Fotografo	_____	Abito Sposa	_____
Produttore video	_____	Scarpe	_____
Album nuziale	_____	Lingerie	_____
Album per i parenti	_____	Acconciatura e make up	_____
Stampe aggiuntive	_____	Fedi e gioielli	_____
Subtotale	_____	*Subtotale*	_____
Musica		**Varie**	
Musica in Chiesa	_____	Noleggio auto	_____
Musica durante rinfresco	_____	Alloggio parenti	_____
Subtotale	_____	*Subtotale*	_____
Stationery			
Inviti e partecipazioni	_____	Libretti messa	_____
Menù e segnaposti	_____	Ringraziamenti	_____
Bomboniere	_____	*Subtotale*	_____

Totale complessivo --------------------

In un caso, si parte dalle singole voci (catering, location, ecc.) assegnando a ognuna di esse una cifra indicativa di spesa. Ovviamente il vostro consiglio è preziosissimo perché voi già conoscete a grandi linee quanto può costare un servizio. Arrivate così alla somma globale, che può essere ancora modificata ampliando o riducendo i costi dei singoli servizi.

Nell'altro caso si opera in maniera opposta, ossia partendo da una cifra che gli sposi hanno già pensato di stanziare per l'intera organizzazione. Procedendo a ritroso, si divide la somma tra le singoli voci, cercando di capire su quali servizi gli sposi vogliono investire maggiormente e per quali desiderano spendere cifre più contenute. Se gli sposi hanno già un'idea di partenza, costruire un *budget planner* diventa più semplice e più efficace.

3. Strumenti di gestione

3.1. *Il database*

Il *database* è uno strumento indispensabile per catalogare una serie di informazioni utili per il vostro lavoro. È come un'agenda personale che si trova sul *desktop* del vostro computer e che deve essere costantemente aggiornata.

La sua utilità è molteplice e funziona come contenitore di dati, tra i quali:

- ◆ *potenziali clienti*, conosciuti in occasione delle fiere di settore, che vanno successivamente ricontattati;
- ◆ *clienti*, dei quali dovete avere tutti i riferimenti anagrafici e telefonici. Accanto a quelli, indicherete di quali servizi necessitano e quelli che di volta in volta proponete loro;
- ◆ prospetto dei *fornitori*, di cui indicate il costo del servizio, la percentuale che vi riconoscono, il tipo di accordo preso;
- ◆ *agenti, impiegati*.

Il *database* è strumento utile solo se costantemente aggiornato.

3.2. *L'importanza del feedback*

Finalmente i vostri sposi sono convolati a nozze e partiti per il tanto sospirato viaggio di nozze. Il vostro compito però non è ancora finito: non appena possibile infatti dovete ricontattarli per avere un ***riscontro*** – positivo o negativo – ***sul vostro servizio***. Vi interessa sapere, se quel giorno non eravate presenti, che tutto sia andato per il meglio e un giudizio sulla qualità del servizio dei fornitori da voi suggeriti. Ciò vi è utile per far emergere i punti di debolezza che devono essere corretti, laddove necessario, per arrivare a un'offerta sempre migliore!

Un'avvertenza: tutti i dati raccolti devono essere annotati scrupolosamente nel *database*.

9. L'organizzazione dell'evento

1. La creazione di un progetto di nozze

1.1. *Il filo conduttore*

La costruzione del progetto di nozze inizia dall'identificazione di un colore o di un tema che diventano il *fil rouge* di tutta la cerimonia.

Il giorno del fatidico "sì" tutto deve essere perfetto e curato nei minimi dettagli, qualunque sia lo stile del matrimonio, niente deve essere lasciato al caso e nessun particolare deve risultare stonato rispetto al resto. Per fare questo è importante che la sposa riesca a darvi qualche suggerimento a riguardo: un *colore* preferito, un oggetto, un ricordo di un posto lontano, *hobby* e passatempi comuni alla coppia. Qualunque indicazione personale vi può aiutare nel costruire insieme a lei *un matrimonio* assolutamente *personalizzato*. Può anche capitare che siate voi a suggerire alla sposa un colore: il rubino, il turchese, il verde o l'arancione; oppure suggerirle un tema: il mare, la sabbia.

Una volta individuato un tema, tutti gli elementi dell'allestimento devono ispirarsi a quello: le partecipazioni, i libretti messa, l'allestimento del ricevimento con le sue tovaglie, i centrotavola e i menù devono rispecchiare un unico stile.

Questa è certamente la fase in cui mettere a frutto la vostra creatività e la vostra abilità manuale. Perché ad esempio non fare degli schizzi o dei bozzetti che bene rappresentino l'idea che avete in mente? Procuratevi poi dei campioni di tessuti, dei nastri e il materiale che pensate di utilizzare per gli allestimenti: è importante per gli sposi poter già toccare con mano e immaginare il risultato finale.

Nella costruzione di un filo conduttore gioca un ruolo importantissimo la scelta della location o luogo del ricevimento. Molte delle decisioni riguardo agli altri servizi come la scelta del catering o degli allestimenti floreali dipendono direttamente dalla scelta dell'ambientazione delle nozze.

Ecco allora, a seconda di alcune tipologie di location, alcuni spunti sulle ambientazioni più ricercate, sul tipo di ricevimento e sugli addobbi floreali.

1.1.1. Il matrimonio metropolitano

L'ultima tendenza per chi decide di ambientare le proprie nozze in un contesto metropolitano, impone la ricerca di una location moderna e dinamica. Il *loft*, grande spazio aperto ricavato in un contesto di archeologia industriale e aree urbane rimodernate, spesso viene prescelto da artisti e designer contemporanei e dagli amanti di tutto ciò che fa tendenza. Il grande spazio bianco comporta una scelta di stile lineare e essenziale: giochi di specchi e luci fredde alle pareti come anche essenze profumate e candele poggiate per terra o tutto intorno alle grandi finestre che guardano la città. All'atmosfera *Zen* ben si addice la scelta di forme quadrate e rettangolari e di materiali inusuali come metalli, legno. Il catering rigorosamente minimale: cocktail in piedi, finger food dagli abbinamenti di gusto ricercati, pietanze a base di pesce o vegetariane accompagnate da ottimi vini selezionati. Moderna la disposizione a isole delle portate che lascia ampi spazi liberi per movimentare il ricevimento e far circolare camerieri in guanti bianchi. Allestimenti floreali dal tocco moderno grazie all'uso di rami di bambù, bacche, piante esotiche. Il bianco delle pareti permette poi di giocare con un colore predominante al quale uniformare il tutto: il *pink*, il verde mela, l'arancione o il cioccolato sono perfetti per creare il bouquet della sposa, i centrotavola, gli allaccia tovaglioli o i menù. Musica *jazz* di sottofondo e angoli *relax* con grandi cuscini bianchi poggiati per terra sui quali far sedere gli invitati.

1.1.2. Il matrimonio country

La sposa che ama le ***ambientazioni agresti*** e desidera avere a disposizione una location immersa nella natura, ha la possibilità di ambientare il giorno delle proprie nozze in una chiesetta di campagna e in un casolare immerso nel verde.

Semplice ma curato l'allestimento della chiesa: coroncine di margherite o girasoli alle panche e piccola composizione all'altare.

Il cascinale con capriate e travi a vista diventa l'ambientazione perfetta per un matrimonio semplice ma di grande effetto. In inverno, tavoli rotondi in fiandra dai colori naturali posti tutti intorno a un camino a legna con fuoco scoppiettante per riscaldare l'atmosfera. Luci soffuse e candele accese per creare un alone magico. Composizioni centrotavola semplici e ispirate ai colori dell'inverno e della neve come bacche bianche, biancospino e camelie. In estate, sull'aia e sotto il portico alcune isole a buffet e tavoli all'ombra di qualche pianta secolare. Composizioni floreali di gipsofila, ranuncoli e peonie. In entrambe le stagioni, il bouquet della sposa può essere reso particolare da menta, lavanda e erbe aromatiche che ben si sposano con l'ambientazione circostante.

Il tableau e i segnaposti vanno di pari passo con la scelta della location: sui tavoli degli inviatati si possono posizionare dei secchielli con bouquet dai vari colori e il centrotavola può essere costituito da una ricca composizione floreale. Un tableau originale può essere realizzato sulla corteccia di un albero con dei fili di rafia e delle mollettine dalle tinte pastello.

1.1.3. Il matrimonio on the beach

Gli sposi che adorano il mare e ne amano le suggestioni e i colori non possono rinunciare a ambientare il giorno del loro matrimonio su una ***spiaggia***, con l'accompagnamento musicale in sottofondo delle onde che si infrangono sulla battigia.

Questo tipo di scelta comporta un ***ricevimento informale*** e giovane, preferibilmente nelle ore serali quando il tramonto crea giochi di luce e il buio avvolge la festa che segue fino alle prime luci dell'alba.

Allestimenti studiati con candele bianche, torce e lanterne appoggiate su specchi o direttamente nella sabbia intorno a un unico grande tavolo rivolto verso l'acqua. Altri tavoli disposti a raggiera con cocktail di benvenuto e aperitivo in piedi. Piatti freddi, finger food, canapèes di pesci, salmone, gamberi e verdure grigliate sono il preludio di paste fredde e riso al nero di seppia. Tovaglie dai colori del mare: blu, azzurro e verde acqua; "mise en place" molto semplici: piatti rotondi di porcellana bianca con sottopiatti di vetro colorato. Come segnaposto barchette di carta o stelle marine appoggiate su ogni tovagliolo; centrotavola di ortensie blu e candele. Tableau dedicato alle spiagge più famose del mondo o a località esotiche. Materiali quale il legno, il sasso e in genere gli elementi naturali per creare allestimenti particolari.

Anche il "cadeaux mariage" è in linea con il tema marittimo: ventagli colorati di bianco e di blu, ombrellini parasole, occhiali da sole, crema abbronzante o infradito per gli ospiti.

E per finire, in riva al mare, area *relax* con grandi cuscini a righe bianche e blu dove conversare e una zona bar dove gustare freschi e colorati *drinks*.

1.1.4. Il matrimonio in dimore storiche

La sposa che, fin da bambina, sogna un ***matrimonio da favola***, sicuramente sceglie la sfarzosa villa o l'imponente castello quale ambientazione delle proprie nozze.

Tutta la cerimonia deve intonarsi alla cornice prescelta: una carrozza trainata da cavalli bianchi aspetta gli sposi all'uscita della chiesa per portarli ***al castello***; l'ingresso principale del maniero è costellato da fiaccole, candele e petali di rosa a segnare il passaggio mentre le sale, probabilmente già adorne e ricche di affreschi, non devono essere appesantite da allestimenti troppo elaborati.

La "mise en place" prevede tovaglie damascate panna o bianco avorio; posate d'argento, piatti di fine porcellana e bicchieri di cristallo; centrotavola classici composti da candele bianche di varie altezze e petali di rosa; le sedie, rivestite da stoffe color crema con romantici fiocchi sul retro, completano un ambiente già di per sé elegante e raffinato.

All'arrivo degli ospiti un aperitivo a buffet con canapèes caldi e freddi, salmone marinato e prosciutto al taglio, accompagnati da spumante secco o da cocktail di frutta.

A seguire, la degustazione di un menù tradizionale servito ai tavoli da cameriere in guanti bianchi e accompagnato da vini d'annata bianchi e rossi.

La torta nuziale, di frutta o di panna e dalle forme più romantiche e stravaganti, richiede un allestimento particolare: servita in una zona a sé stante quasi nascosta da nastri e teli di organza cascanti, riceve maggiore risalto da un gioco di luce creato *ad hoc*.

La musica più appropriata è quella classica o *jazz*, capace di creare un'atmosfera suggestiva e ricercata. I nomi dei tavoli sono quelli dei compositori più famosi: Chopin, Beethoven o Mozart. Sul finire della serata, quale degna conclusione di un matrimonio dal tono fiabesco, una festa danzante.

Pennellate di rosso, colore tra i preferiti da chi sceglie tale ambientazione, tingono tutti gli elementi importanti della cerimonia: il bouquet di rose, i menù e i libretti messa rilegati con un cordoncino in tinta, i segnaposti a forma di piccoli cestini di carta ricolmi di ciliegie o bacche.

1.2. *Le tempistiche*

Per una wedding planner è molto importante avere sempre sotto controllo la *tempistica* dei vari aspetti organizzativi per predisporre tutto con il giusto anticipo e per essere certa di non aver scordato nulla. Al contrario, potrebbe rischiare di arrivare in prossimità del giorno delle nozze senza aver concordato gli allestimenti floreali, aver commissionato al fornitore di fiducia le bomboniere o prenotato per quella data il fotografo.

Anche in questo caso vi può essere d'aiuto *un promemoria* (vedi tab. 1) di tutti gli aspetti dell'organizzazione che una wedding planner deve tenere sotto controllo e predisporre insieme alla coppia che le si affida.

Tab. 1 – Promemoria delle attività da svolgere secondo un andamento temporale decrescente

1 anno prima
Scegliere la chiesa o il municipio
Scegliere il ristorante o la location e catering
6 mesi prima
Preparare i documenti
Scegliere l'abito della sposa
5 mesi prima
Stendere la lista degli invitati e delle persone a cui inviare la partecipazione
3 mesi prima
Contattare il fiorista, il fotografo e il musicista
Scegliere il negozio e compilare la lista nozze
Prenotare il viaggio di nozze
2 mesi prima
Scegliere i testimoni
Spedire gli inviti e le partecipazioni
Definire il menù del ricevimento
Ordinare le bomboniere
Definire gli accessori, il make-up e acconciatura
Scegliere l'abito dello sposo
1 mese prima
Affissione delle pubblicazioni di matrimonio
Comprare le fedi
Confermare addobbi floreali di chiesa e ristorante
Prova dell'abito
2 settimane prima
Prenotare l'auto
Scegliere il bouquet della sposa
Ritirare delle fedi
Confermare il numero degli invitati e pianificare la disposizione ai tavoli
1 settimana prima
Ricontattare telefonicamente i fornitori
Ritirare in agenzia i documenti del viaggio
Realizzare menù, segnaposti e cartellone
Il giorno prima
Posizionare i menù, segnaposti e il cartellone
Il giorno stesso
Consegnare il bouquet
Regia e supervisione dell'evento

Sempre alla luce di quanto detto, è importante una certa organizzazione mentale e pratica: può esservi utile creare dei contenitori in cui catalogare tutto il materiale relativo a ciascun matrimonio come il contratto, la lettera di incarico, la scheda personale e i vari preventivi. Il vostro lavoro risulta così più semplice e organizzato e, se avete dei collaboratori, essi avranno gli strumenti per sostituirvi in qualunque momento.

2. Le varie tipologie di banchetto

Esistono varie tipologie di banchetto che abitualmente si utilizzano in occasione delle nozze. Uno dei compiti di una wedding planner è quello di consigliare gli sposi sulla tipologia che meglio si adatta alle loro esigenze, come ad esempio:

♦ *pranzo o cena tradizionale* con tavoli e sedie assegnati e un servizio al tavolo di camerieri;
♦ *banchetto* più veloce con un grande tavolo a buffet per gli aperitivi e gli antipasti; tavoli e sedie allestiti ma non assegnati (laddove non vi siano molti invitati); uno o due primi seduti al tavolo; uno o due secondi intervallati da un sorbetto e per finire di nuovo a buffet un grande tavolo di dessert;
♦ *buffet in piedi*, ideale per chi decide di sposarsi in una fascia oraria compresa tra le 15.00 e le 16.00. Soluzione decisamente informale, essa piace soprattutto alle coppie giovani che di solito organizzano anche una serata danzante a conclusione della festa.

3. Gli addobbi floreali

La parte organizzativa relativa agli allestimenti floreali è sicuramente la più divertente ma anche la più impegnativa. Il compito di una wedding planner è quello di supportare gli sposi nelle decisioni con consigli, suggerimenti e idee originali. Di fondamentale importanza è avvalersi di fornitori validi e competenti che devono lavorare sempre sotto la vostra supervisione.

Avere delle nozioni di base in questo campo, come ad esempio la conoscenza della stagionalità dei fiori, è necessario per avere una visione complessiva del progetto di nozze.

3.1. *L'addobbo in chiesa*

L'addobbo della chiesa, oltre naturalmente alle preferenze degli sposi, deve tener conto dello stile architettonico e delle dimensioni dell'edificio sacro, dei giochi di luce e di ombra che si creano al suo interno e della capienza. Perché la chiesa risulti allestita in maniera completa si devono prevedere degli addobbi da collocare:

- *sulla facciata esterna*. Soprattutto se molto spoglia e austera, si possono sistemare due grandi vasi di piante all'ingresso o un cordolo di fiori tutto intorno al portone centrale;
- *sull'altare principale e ai piedi dello stesso*. Le forme di queste composizioni devono essere in armonia con la struttura della chiesa: se antica, con un altare in marmo, sono perfette delle piccole ciotole con fiori non molto alti; se molto moderna, potete prevedere invece delle composizioni più alte e slanciate. Nel primo caso, soprattutto se la chiesa è già un gioiello architettonico, meglio non abbondare con i fiori ma usarli per sottolineare alcuni elementi importanti (colonne, capitelli); diverso nel caso di chiese moderne dove i fiori costituiscono un prezioso complemento d'arredo che scalda la fredda architettura contemporanea;
- *sulla balaustra* che divide la zona degli sposi da quella degli invitati. Generalmente per non nascondere la vista degli sposi e dell'officiante ai convenuti, si preferisce optare per soluzioni vaporose e leggere;
- *lungo la navata centrale*. Potete suggerire alla sposa di legare alle panche alcune coroncine di fiori (molto utilizzate quelle a forma di cuore), con un nastro di tulle o altro materiale, magari alternandole a una piccola candela posata sul pavimento; in alternativa potete studiare dei piccoli bouquet che richiamano quello della sposa;
- *dietro alle sedie degli sposi*. Qui è sufficiente un semplice richiamo ai fiori del bouquet.

3.2. *Allestimenti al ricevimento e il bouquet*

Non è necessario che vi sia continuità tra i fiori scelti per la chiesa e quelli per il ricevimento perché i due ambienti possono essere di due stili completamente diversi.

Le composizioni floreali della location o del ristorante devono allora di preferenza sposarsi con l'ambiente circostante: se rustico, meglio prevedere centrotavola con fiori più semplici e colorati; se elegante, composizioni più raffinate. Potete suggerire alla sposa di utilizzare altri materiali come candele, vasi trasparenti o specchi illuminati per creare atmosfera e riscaldare l'ambiente.

Molto importante nella scelta dei fiori da utilizzare per gli allestimenti, è la loro stagionalità:

◆ nella *stagione estiva* avete a disposizione le grandi ortensie dalle tonalità intense o i piccoli ranuncoli ideali per un bouquet molto fresco. In un agriturismo, ad esempio, le margherite sono il fiore ideale. Poste in secchielli color argento diventano dei segnaposto semplici ma raffinati;

◆ in *primavera* oltre ai tulipani, i narcisi e i giacinti ma anche fiori molto delicati quali il mughetto e la viola ciocca dalla profumazione molto intensa. Molto utilizzata nelle composizioni del bouquet, la peonia nelle tonalità del rosa e del bianco è oggi uno dei fiori preferiti dalle spose;

◆ in *autunno* potete giocare sulle atmosfere calde dei melograni, dei ricci delle castagne, delle bacche di ribes o di rosa selvatica. Le ultime tendenze prevedono poi l'utilizzo di rami ritorti di ciliegio o di acero che possono essere inseriti all'interno di vasi di vetro trasparente;

◆ in *inverno*, sebbene la stagione a prima vista sembra meno favorevole, si possono creare delle suggestioni molto particolari grazie all'utilizzo degli agrumi: arance, mandarini cinesi e limoni. Da non dimenticare, anche se più usuale, l'elleboro bianco, comunemente chiamato stella di natale, che nella versione bianca diventa molto elegante abbinato al capelvenere.

Anche le erbe aromatiche sono dei profumi da utilizzare per un tocco di originalità: menta, rosmarino e salvia ma anche la lavanda viola o bianca, rendono particolare anche la composizione più classica.

Discorso analogo vale per il bouquet, che rappresenta un "pezzo unico" e che quindi può essere di un altro colore o realizzato con fiori diversi. Esistono centinaia di specie sul mercato ma non tutte si adattano alla composizione di un bouquet. La scelta di quale fiore utilizzare, oltre alla sua stagionalità, dipende dal colore, dalla forma e dal tessuto dell'abito. Se l'abito non è bianco candido ma tinta avorio, il colore del bouquet deve adattarsi a questa tonalità. L'abito a stile impero bene si sposa con fiori allungati, a baffo. L'abito a ballerina, al contrario, bene si accompagna con un bouquet dalle forme più tondeggianti. La sposa più fantasiosa e estroversa può optare per un bouquet di peperoncino.

4. La scelta del fotografo: reportage o foto tradizionali

Due sono le possibilità riguardo al servizio fotografico: foto tradizionali o stile reportage.

Nel primo caso gli sposi devono essere disposti a collaborare maggiormente con il fotografo perché lo stile tradizionale presuppone molti scatti in posa. Questi, tra l'altro, richiedono più tempo e gli sposi vengono trattenuti più a lungo all'interno della chiesa a conclusione della cerimonia, per poi assentarsi per parecchio tempo per le foto di rito in qualche angolo suggestivo della città. Al ricevimento, la coppia viene immortalata in mille pose un po' artificiali: da sola, con i parenti e con gli amici. Ne escono foto statiche anche se certamente di qualità. Gli amanti di questo stile prediligono album importanti rilegati con copertine in pelle da conservarsi nell'apposita valigetta.

L'ultima tendenza vuole invece che tutto avvenga in modo più spontaneo, attraverso la creazione di un vero e proprio reportage fotografico, caratterizzato da pose più naturali. In questo caso il fotografo è una presenza molto meno invadente e il lavoro finale risulta essere meno artificioso. Spesso, l'album prescelto è il cosiddetto **album libro**, ovvero quello in cui le foto digitali vengono spalmate a piena pagina.

Una wedding planner deve saper capire che tipo di coppia ha di fronte e proporre di conseguenza il fornitore giusto. Ma il vostro lavoro non si ferma qui: spesso vi viene richiesto, quasi foste delle registe, di dare durante la cerimonia e successivamente al ricevimento preziose indicazioni al fotografo su quali soggetti riprendere (le persone più care allo sposo e alla sposa), su chi o cosa concentrarsi maggiormente.

5. L'abito: il vero protagonista della cerimonia

Ci sono spose che lo sognano e sanno come lo vogliono fin da bambine, altre che lo scelgono sfogliando delle riviste *ad hoc*, altre ancora si fidano solo dell'approvazione della mamma. Ebbene, qualunque sia la storia che si cela dietro all'abito della sposa, ogni ragazza prova un'emozione molto forte solo alla vista degli abiti esposti nell'atelier.

È statisticamente provato che l'idea originaria con la quale generalmente le spose entrano per la prima volta in un atelier, viene nel 90% dei casi messa in discussione nel momento in cui provano i vari modelli. E così la sposa che aveva già immaginato innumerevoli volte la scena del suo ingresso in chiesa con un abito liscio, semplice, quasi da sera, si innamorerà perdutamente e acquisterà l'abito più ricamato e prezioso dell'intera collezione.

Voi wedding planner dalle mille risorse sapete come fronteggiare anche questo tipo di avvenimento: consigliare la sposa su quale sia il modello che più le si addice.

Vi sono delle proporzioni che è giusto rispettare: ad esempio meglio sconsigliare una sposa minuta e di corporatura esile dallo scegliere linee troppo sobrie; nel suo caso meglio si addice un abito cascante e dal drappeggio morbido. Tutto ciò che veniva usato una volta per arricchire l'abito come i volants e le balze troppo vaporose non si usano più, sostituiti invece da nuove soluzioni quali perline, perle e rose magari applicate per evidenziare un'arricciatura.

Per quanto riguarda il colore, il bianco candido oggi è sostituito dagli avorio, dai rosa cipria e nelle forme più stravaganti dal verde pallido e dal crema.

Difficilmente la sposa, anche se inizialmente parte con l'idea di non indossarlo, rinuncia all'aspetto principesco creato dal *velo*.

Voi dovete saper scoraggiare la sposa che vuole sceglierne uno troppo lungo perchè il velo deve essere in perfetta armonia con il tipo di abito, di cerimonia e di ambientazione delle nozze e non deve essere mai più lungo di tre metri.

Un altro elemento che rende importante l'abito è *lo strascico*, che a volte viene creato di una lunghezza un po' superiore alla norma perché possa sostituire il velo.

Alla sposa che sceglie l'inverno come stagione per le nozze, potete consigliare di optare per una stola in pelo o in lana pregiata, arricchita magari da strass, tutto rigorosamente bianco.

Ricordatevi in ogni caso che, qualunque sia l'abito scelto, l'acconciatura, il velo, i guanti, il bouquet, devono essere in perfetta armonia e dare un'immagine di proporzione.

Proprio a tal fine, dovete dare delle indicazioni importanti al parrucchiere: poiché una buona wedding planner deve coordinare tutti gli aspetti legati alla figura della sposa, il parrucchiere deve sapere qual è lo stile e quali sono le proporzioni dell'abito e della scollatura. La sposa romantica può impreziosire l'acconciatura con dei piccoli fiorellini o con una coroncina di perline; alla sposa dall'ovale perfetto consigliate di raccogliere i capelli per slanciarne la figura.

L'abito dello sposo, secondo la tradizione, è il tight. Lo smoking invece è assolutamente vietato in quanto è un abito da sera più indicato per andare a teatro. Gli sposi d'oggi scelgono il classico abito scuro, grigio o blu, gilè, camicia bianca, cravatta elegante e scarpe nere. Un tocco di stile che potete proporre agli uomini della famiglia degli sposi è di utilizzare lo stesso fiore del bouquet della sposa per le boutonnieres.

Le damigelle e i paggetti si devono prevedere solo in nozze molto eleganti. Le prime seguono la sposa sorreggendole il velo o la strascico che devono essere quindi abbastanza lunghi da giustificarne la presenza. Vestono abiti identici fra loro e dello stesso colore di quello della sposa. Tra i capelli, coroncine di perline o di fiori.

I paggetti precedono invece la coppia nell'entrata in chiesa e devono anch'essi essere vestiti in maniera elegante e uguale fra loro.

6. Bomboniere: quando, a chi e cosa consigliare

Per prima cosa specifichiamo che per bomboniera si intende solo l'oggetto che viene abbinato al sacchetto di tulle, scatola o altro contenitore. Mentre tempo fa la tradizione imponeva di scegliere tra piccoli oggetti d'argento quali ciotole, porta-pillole, piattini con le iniziali dei due sposi, oggi tutti cercano soluzioni sempre nuove e diverse. Qui tocca ancora una volta a voi: dovete essere in grado di proporre alla coppia aperta alla novità delle soluzioni alternative, facendo affidamento sulla vostra fantasia e sul vostro estro. Piccole cornici con la foto degli sposi, bottiglie di vino con delle etichette personalizzate, ventagli o ombrellini sono solo alcune delle infinite possibilità.

Anche i sacchetti vengono oggi proposti in tessuti sempre nuovi: iuta, velluto, lino o tulle, a secondo del tono e dell'ambientazione delle nozze. In alternativa, potete prevedere delle scatoline o delle bustine arricchite con una chiusura particolare che può essere utilizzata poi come spilla.

Per quanto riguarda il momento in cui distribuirle, il più adatto è alla fine della cerimonia. Gli sposi passano tra i tavoli con le bomboniere appoggiate su dei vassoi. Valida alternativa è quella di utilizzarle fin dall'inizio come segnaposto per i tavoli, a patto che non siano troppo ingombranti.

In aggiunta alle bomboniere previste per gli invitati dovete suggerire agli sposi di prevedere anche dei sacchetti o scatoline da offrire quale forma di ringraziamento a chiunque abbia fatto loro un regalo ma non sia intervenuto al ricevimento.

7. Fronteggiare l'imprevisto: alcuni casi concreti

Una brava wedding planner deve essere pronta anche a fronteggiare gli imprevisti più insoliti. Niente panico: siete voi a dover tranquillizzare gli sposi e a dover trovare soluzioni immediate.

Pensate a un ricevimento organizzato in un mese estivo che viene sorpreso da un violento acquazzone. Per salvare la situazione niente di meglio che grandi e colorati ombrelli da distribuire all'uscita della chiesa al posto dei sacchetti di riso.

E se capita che una sposa costretta a un lungo viaggio prima di giungere alla chiesa si dimentichi il bouquet a casa?

Scongiurare questo pericolo è semplice se la zelante wedding planner ne ha una copia identica, quella predisposta per il lancio dopo la cerimonia alle amiche nubili.

E come rimediare a una ordinazione di un quantitativo di fiori insufficiente o a una "mise en place" poco raffinata?
L'importante è non perdersi mai d'animo e mantenendo la calma cercare di risolvere il problema che vi si presenta con fantasia ed eleganza!

8. Il matrimonio civile

Merita un paragrafo a parte il discorso sulla cerimonia civile, ossia quella celebrata in comune da un ufficiale di Stato Civile. Questo perché, sebbene in misura minore, vi può capitare di organizzarne almeno uno ed è bene sapere fin da subito che, almeno per quanto riguarda il rito, questa tipologia di matrimonio è generalmente più semplice e veloce anche se meno suggestiva l'ambientazione. Grazie però allo studio di un allestimento floreale studiato *ad hoc*, è possibile rendere elegante e ricercata anche la sala comunale più spoglia e anonima.

Da qualche anno si è poi diffusa la tendenza di celebrare il matrimonio nella stessa villa ove si tiene la festa. Talvolta gli ufficiali acconsentono, talaltra no. In caso affermativo, la parte del rito diventa più personalizzato.

Chi sceglie di sposarsi solo civilmente ha la possibilità di adottare un look più informale: la sposa può indossare un abbigliamento classico, ad esempio un *tailleur*, mentre dovrebbe evitare l'abito bianco con strascico.

Il rito prevede la presenza di due testimoni, muniti di documenti validi. La cerimonia civile è molto breve e si sostanzia nella lettura di alcuni articoli del codice civile. Fatto ciò, l'ufficiale di Stato Civile dichiara poi i due presenti marito e moglie.

10. Il rapporto con i fornitori

1. Creazione di una rosa di fornitori

Per fornitori si intendono tutte quelle persone che, titolari di attività commerciali, offrono un prodotto o un servizio necessario all'organizzazione del matrimonio. Sono fornitori, ad esempio, i fioristi, i fotografi, le creatrici di bomboniere, i musicisti, i titolari di ristoranti o di società di catering ma anche i proprietari di ville e castelli che intendano mettere a disposizione la loro abitazione per ricevimenti di nozze ecc.

Potenzialmente qualunque fotografo o fiorista – tanto per citarne alcuni – può far parte della rosa dei vostri fornitori. Ma una wedding planner deve saper scegliere tra le miriadi di possibilità che offre oggigiorno il mercato. Avete mai provato a sfogliare Pagine Gialle alla ricerca di un agriturismo? E non pensate che sia diverso nel caso di un negozio di bomboniere! Proprio perché *l'offerta è vasta*, bisogna a maggior ragione saper selezionare.

Provate a calarvi per un attimo nel ruolo del cliente e non dell'organizzatrice. Quale valore aggiunto vi aspettate da una professionista del settore? Certamente, oltre a un aiuto a districarvi nella giungla di fornitori conosciuti, indirizzi nuovi ai quali rivolgervi; non vi aspettate certo che vi venga proposto lo studio fotografico sotto casa o il ristorante più gettonato che potreste scegliere anche da soli.

Premesso tutto ciò, cerchiamo di analizzare più nello specifico alcuni criteri di selezione:

♦ *fornitori poco conosciuti* perché liberi professionisti: il fotografo *free-lance* che non ha un vero e proprio studio fotografico; la creatrice di allestimenti floreali o di bomboniere che lavorano per passione; o ancora, la sarta che confeziona in casa abiti da sposa. Questi fornitori sono per voi il fiore all'occhiello: guai a svelarli! Il loro vantaggio rispetto agli altri è di offrire prodotti di ottimo livello qualitativo, ma a costi estremamente competitivi. E allora perché non proporli? Alle volte un po' di fortuna vi può aiutare: può capitare che loro trovino voi o che voi li troviate per caso. Attenzione però: dovete avere rapporti di carattere commerciale anche con fornitori più conosciuti, che hanno un nome consolidato: gli sposi potrebbero richiederveli e voi dovete essere in grado di assecondare le loro richieste;

♦ almeno *un fornitore per ogni fascia di prezzo*. Gli sposi hanno ovviamente disponibilità economiche diverse ma più ancora, vogliono indirizzare diversamente i loro soldi. C'è chi predilige spendere molto nel catering trascurando magari l'aspetto floreale; chi, al contrario, investe tutto in un tripudio di fiori a scapito dell'aspetto gastronomico. Ecco perchè è importante avere della stessa tipologia di fornitori più soluzioni a prezzi differenti: da quello più economico a quello molto costoso. Attenzione però a non andare al di sotto di una certa soglia, ricordando che voi siete soprattutto garanzia di una buona qualità!;

♦ fornitori di impronta e *stili diversi*, perché diversi sono i gusti delle persone. Accanto al fotografo delle classiche foto in posa quello con uno stile da reportage;

♦ fondamentale un buon *rapporto di reciproca fiducia* che vi permetta di affrontare situazioni di emergenza sapendo di poter contare su di loro;

♦ fornitori *efficienti*, che rispettino i termini di consegna o che velocizzino alcuni passaggi; *disponibili* anche a incontrare ripetutamente il cliente presso la vostra sede.

Per arrivare a creare una lista di fornitori selezionati è necessario parecchio tempo, tanta pazienza, un po' di fiuto, ma anche un pizzico di fortuna. All'inizio procedete tentoni, magari chiedendo consigli o, perché no, sfogliando Pagine Gialle. Successivamente, sarete sommerse dalle richieste di fornitori che vogliono lavorare per voi (siete per loro una fonte di lavoro sicura); alla fine l'esperienza accumulata vi aiuterà nella scrematura.

Un consiglio: una wedding planner sa essere convincente se ha per prima testato ciò che propone. Come fate a convincere gli sposi che in tal ristorante si mangia bene se non lo avete mai provato? Ciò significa ovviamente che ogni ristorante, catering o fiorista andrà testato o visto all'opera.

2. La fidelizzazione

Il rapporto con i fornitori è di fondamentale importanza affinché voi riusciate a svolgere un buon lavoro. Accade che, con l'andare del tempo, alcuni di loro, con i quali vi trovate più in sintonia, diventino dei *veri e propri collaboratori*.

Per fidelizzare i vostri fornitori non è sufficiente fornire loro costantemente del lavoro: creare un rapporto di stima reciproca, renderli partecipi e coinvolgerli in iniziative di vario genere può aiutare nel consolidare le relazioni, facilitare e migliorare il vostro lavoro.

Ecco allora che con uno o alcuni di essi potete stringere relazioni di interesse reciproco, arma vincente in un mercato sempre più complesso e esigente. Legarsi a un catering e partecipare con esso a una fiera o realizzare allestimenti creativi per una prestigiosa location vi permette di essere fortemente competitivi e di poter fornire un servizio più completo e di alto livello.

3. Gli strumenti di gestione

Una volta costruito il *pacchetto fornitori* è necessario capire attraverso quali strumenti gestirli al meglio.

3.1. *Il database e il book fotografico*

Il database, del quale si parla in maniera più approfondita nel capitolo successivo, serve per archiviare i dati relativi ai fornitori. È un pozzo di informazioni che deve essere costantemente aggiornato e che vi serve per annotare i prezzi dei servizi, la percentuale che vi viene corrisposta, oltre ovviamente a tutti quei dati utili come indirizzi, numeri telefonici, ecc.

Il book fotografico è un utile strumento di consultazione per gli sposi. Durante l'incontro conoscitivo o anche successivamente, gli sposi potrebbero voler vedere ciò di cui state parlando senza doversi necessariamente muovere dal vostro ufficio. Normalmente nel book si inseriscono le foto delle location e le immagini di composizioni floreali, perché questi sono gli aspetti che più interessano. Già sfogliando il book, gli sposi possono iniziare a scremare e a voi ciò serve per capire meglio i loro gusti.

3.2. *Il coordinamento*

Durante tutto l'arco di tempo in cui si organizza un matrimonio ci sono diversi momenti in cui vi troverete a coordinare i fornitori, essi possono essere così suddivisi: *dall'affidamento dell'incarico al giorno prima del matrimonio*; *durante la cerimonia*; *i giorni successivi alle nozze*.

Nel *primo caso* si tratta per lo più di *lavoro d'ufficio*: dovete telefonare per fissare i primi appuntamenti conoscitivi con il cliente e presiedere ai suddetti appuntamenti. Questi incontri possono avvenire in ufficio o direttamente sul posto, a seconda che si tratti ad esempio di un fotografo o di una location. Dovete poi richiedere uno o più preventivi, confrontarli e scegliere quello più adatto alla situazione. Una volta fatti questi passaggi e raccolti tutti i documenti in un faldone relativo al cliente, dovete ricontattarli tutti qualche giorno prima della cerimonia. Bisogna infatti verificare che tutto proceda o se ci siano inconvenienti o intoppi. Per ogni fornitore dovete poi avere una cura particolare nel coordinamento: voi siete gli intermediari tra il vostro cliente e loro, quindi spetta a voi trasmettere ai fornitori tutte le richieste degli sposi.

Il coordinamento dei fornitori *il giorno stesso* del matrimonio è uno degli aspetti più divertenti ma anche stressanti della vostra professione: dalla mattina alla sera siete impegnate sul campo per verificare che ciascuno esegua al meglio il compito assegnatogli. Dovete correre dalla chiesa – dove verificate che i fiori siano al posto giusto – al luogo del ricevimento: qui trovate a aspettarvi il fotografo, il fiorista e il catering, tutti in attesa dell'arrivo degli sposi. Questa giornata è certamente la più importante anche per voi, per le soddisfazioni che ne riceverete: è il coronamento di tanto lavoro!

Dopo il matrimonio il vostro compito non è ancora terminato: anche nei giorni successivi alla cerimonia sarete impegnate con alcuni dei fornitori, magari per gli ultimi pagamenti in sospeso o, come nel caso del fotografo, per la consegna dei provini e dell'album di nozze.

3.3. *La negoziazione*

Ultima ma non per importanza, la negoziazione è parte integrante del rapporto con i fornitori. Poiché essi hanno tutto l'interesse a lavorare bene per voi e con voi, sono disposti a elargirvi una percentuale sul servizio. Oltre a ciò, acquisite naturalmente un privilegio che agli sposi non è concesso: il potere della negoziazione che vi permette di trattare sul prezzo o ottenere uno sconto.

Appendice
Il galateo del matrimonio

11. Le regole del galateo

Una wedding planner non può trascurare la conoscenza di alcune basilari regole di galateo che concorrono a rendere le nozze perfette e curate in ogni particolare. Cerchiamo in questa parte di riassumere le più importanti.

1. Partecipazioni e inviti: quando e come spedirli

Incominciamo da una semplice distinzione: le partecipazioni si spediscono a tutti coloro che si vuole siano presenti alla cerimonia in chiesa o in comune; gli inviti sono solo per i partecipanti al banchetto di nozze. Generalmente è necessario ordinarne, delle une e degli altri, una quantità superiore al primo conteggio effettuato, per non rischiare di dover fare una ristampa all'ultimo minuto.

Il galateo vuole che partecipazioni e inviti siano scritti con penna stilografica a inchiostro nero su carta bianca o color avorio anche se le nuove tendenze introducono alcune varianti nel tipo di carta usata, come quella di riso, e nuovi colori per soluzioni fortemente personalizzate e alternative.

La partecipazione tradizionale prevede che siano i genitori dei futuri sposi a annunciare il matrimonio dei figli. Questa soluzione è certamente quella più formale, potremmo dire da etichetta, e oggi è spesso usata nel caso di sposi molto giovani. Viceversa, la soluzione più moderna e preferita dalla maggior parte delle coppie è quella in cui sono i futuri sposi stessi a comunicare le proprie nozze.

L'invio è bene che venga fatto uno o due mesi prima del giorno del matrimonio (e comunque non più tardi di sei settimane) in busta aperta con gli indirizzi scritti in bella calligrafia e rigorosamente a mano.

Le regole del galateo suggeriscono inoltre di predisporre da subito, nella stessa carta e stampa degli inviti, anche dei bigliettini con i nomi dei due sposi da legare alla bomboniera e dei cartoncini di ringraziamento: dopo le nozze, infatti, gli sposi dovranno inviare a tutti coloro che li hanno omaggiati di un regalo, una frase di ringraziamento personalizzata.

2. L'ingresso in chiesa

Il galateo impone regole ben precise sull'ordine di comparizione e di ingresso di quelli che a ragione possiamo definire gli attori della giornata. In particolare, lo sposo deve entrare per primo accompagnato a braccetto dalla madre, posizionata alla sua sinistra. Arrivato innanzi all'altare, prende posto di fronte alla sedia di destra. Qui rimane in attesa della futura sposa, che arriva stretta al braccio sinistro dal padre. Arrivata all'altare, di fronte alla sedia di sinistra, il padre, dopo averla baciata sulla guancia, la consegna al futuro marito. In assenza di uno dei due genitori, può compiere lo stesso rituale una sorella, nel caso dello sposo, e un fratello in quello della sposa.

3. La disposizione ai tavoli

La wedding planner sa che affinché non vi siano momenti di disordine quando gli invitati giungono alla location, vi deve essere all'ingresso del locale un tableau mariage, ossia un cartellone, che assegni i posti degli invitati ai tavoli. Ciascun tavolo poi deve essere contraddistinto da un segnaposto.

Mentre non ci sono regole precise sulla disposizione degli invitati, conoscenti o amici, che possono essere fatti sedere ai tavoli secondo le preferenze degli sposi, il galateo impone invece un'esatta disposizione degli sposi rispetto ai parenti più stretti e ai testimoni, a meno che la coppia non sieda a un tavolo a parte, riservato solo a lei. In particolare, la sposa siede alla destra del marito e al suo fianco, a scalare, il suocero, un testimone e il padre. Accanto al marito, la suocera, un testimone e la madre.

4. Musica: sacra e profana

Elemento fondamentale di accompagnamento della cerimonia in chiesa e al ricevimento, la musica, di qualunque genere essa sia, rappresenta la colonna sonora della giornata. È bene quindi sceglierla nel modo più appropriato.

In chiesa, luogo sacro per eccellenza, è necessario rispettare un repertorio canonico, quasi a scandire i momenti più importanti della cerimonia come la marcia nuziale di Mendelssohn o di Wagner e l'Ave Maria di Shubert. La musica può essere suonata dall'organista in accompagnamento a una sola voce femminile, oppure si può optare per soluzioni più moderne come il coro *gospel*.

Al ricevimento la musica può essere la più diversa, secondo i gusti degli sposi. È importante non scegliere un accompagnamento musicale che stoni con la location e più in generale con il tono del ricevimento.

Per esempio laddove si tratti di un matrimonio molto romantico in un castello, la colonna sonora più appropriata è un quartetto di archi o un gruppo *jazz*, in un'ambientazione più rustica risulta appropriato anche un gruppo che esegue musica leggera.

5. Chi paga cosa

Anche se oggigiorno sono gli sposi che spesso pagano di tasca propria, esiste tuttavia un galateo relativo alle spese che devono essere sostenute dai genitori della sposa e dallo sposo.

I parenti della sposa dovrebbero pagare:

♦ *partecipazioni e inviti;*
♦ *confetti e bomboniere;*
♦ *l'abito della sposa e i suoi accessori;*
♦ *i fiori della cerimonia e del luogo del ricevimento;*
♦ *la musica al ricevimento;*
♦ *il banchetto e la torta di nozze;*

Allo sposo spettano:

♦ *gli anelli;*
♦ *il bouquet della sposa;*
♦ *la musica in chiesa;*
♦ *l'automobile degli sposi;*
♦ *la prima notte di nozze in un albergo;*
♦ *il viaggio di nozze.*

6. La tradizione prevede che...

Per concludere, sebbene siano delle credenze popolari, ci sembra in ogni caso doveroso annoverare i consigli che la tradizione prevede in materia di nozze quale buon auspicio per un matrimonio sereno e duraturo:

♦ la sposa deve indossare qualcosa di blu, di vecchio, di nuovo, di prestato;
♦ lo sposo non può vedere l'abito della sposa prima del matrimonio;
♦ la sposa deve lanciare o regalare il suo bouquet;
♦ non si deve dormire nella casa coniugale la notte prima delle nozze;
♦ la sposa non deve fare il letto ma deve essere preparato da due persone nubili;
♦ il marito deve oltrepassare la soglia di casa con la moglie tra le braccia.

Bibliografia consigliata

1. Volumi

Bussen Caren (2004), *Simple stunning weddings, designing and creating your perfect celebration*, Stuart, Tabori & Chang, New York.

Ernst III Robbi (2000), *Great Wedding Tips from the Experts*, McGraw-Hill, New York.

Martin Judith (1999), *Miss Manners on Wedding,* Crown, New York.

Norden Mary (2000), *Wedding details*, Ryland & Peters, London.

O'Sullivan Joanne (2004), *The new book of wedding flowers*, Lark Books, New York.

Post Peggy (2006), *Emily Post's Wedding Planner*, Collins, London.

Stewart Martha (1999), *The best of Martha Stewart Living Weddings*, Clarkson Potter, New York.

Stewart Martha (2003), *Martha Stewart's Keepsake Wedding Planner*, Clarkson Potter, New York.

Swinson Antonia (2003), *Wedding Etiquette – Getting it right for your big day*, Ryland Peters & Small, London.

Swinson Antonia (2006), *Wedding favours*, Ryland Peters & Small, London.

Aa.Vv. (2006), Wedding Bouquets, over 300 designs for every bride, Hamlyn, London.

2. Riviste specializzate

Martha Stewart Weddings
www.marthastewart.com
Wedding Style Magazine

www.weddingstylemagazine.com
Brides Magazine
www.bridesmagazine.co.uk
Elegant Bride
www.elegantbride.com
Weddings In Style
www.instyle.com
Wedding be inspired
www.wedding-mag.co.uk
Cosmopolitan Bride
www.youandyourwedding.co.uk
You and your wedding
www.youandyourwedding.co.uk
White Sposa
www.whitemagazine.it
Sposa Bella
www.iosposa.it
Vogue Sposa
www.iosposa.it
Domina Sposa
www.iosposa.it

3. Siti internet

www.chicchidarancio.it;
www.matrimonio.it;
www.blissweddings.com;
www.frugalbride.com;
www.top100weddingsites.com;
www.usabride.com;
www.marthastewart.com.